本书获浙江省哲学社会科学规划重点课题
项目名称：数字经济背景下浙江省零售商业模式分析及发展路径研究（20NDJC27Z）的资助

数字经济背景下
零售商业模式
创新与路径选择研究

张琳琳　伍婵提　著

上海交通大学出版社
SHANGHAI JIAO TONG UNIVERSITY PRESS

内容提要

本书以数字经济、数字经济的历史演进以及数字经济的特征为切入点,重点探讨数字经济时代浙江商业模式及价值、数字经济对传统零售业的冲击与重塑、数字经济发展中的问题和应对、数字经济背景下区域零售商业竞争力发展、零售商业竞争力外生平台与内生平台、数字经济背景下浙江省新零售商业创新系统及模式以及数字经济背景下零售商业模式创新发展前景。

图书在版编目(CIP)数据

数字经济背景下零售商业模式创新与路径选择研究 / 张琳琳,伍婵提著. — 上海:上海交通大学出版社, 2022.8
ISBN 978-7-313-25816-8

Ⅰ.①数… Ⅱ.①张… ②伍… Ⅲ.①数字技术-应用-零售商业-商业模式-研究-浙江 Ⅳ.①F724.2

中国版本图书馆 CIP 数据核字(2021)第 273962 号

数字经济背景下零售商业模式创新与路径选择研究
SHUZI JINGJI BEIJING XIA LINGSHOU SHANGYE MOSHI CHUANGXIN YU XUANZE LUJING YANJIU

著　　者:张琳琳　伍婵提

出版发行:上海交通大学出版社　　　　地　　址:上海市番禺路 951 号
邮政编码:200030　　　　　　　　　　电　　话:021-64071208
印　　刷:苏州市古得堡数码印刷有限公司　经　　销:全国新华书店
开　　本:710mm×1000mm　1/16　　　印　　张:16.25
字　　数:206 千字
版　　次:2022 年 8 月第 1 版　　　　　印　　次:2022 年 8 月第 1 次印刷
书　　号:ISBN 978-7-313-25816-8
定　　价:68.00 元

前　言

　　数字经济是互联网、云计算、大数据、人工智能等新一代信息技术与经济社会各个方面深度融合后产生的结果，是引领全球经济增长的重要引擎之一。近年来，中国数字经济快速发展，各项指标位居世界前列，数字技术与传统经济持续融合，中国已成为名副其实的数字经济大国。继工业化之后，数字化将成为驱动经济社会发展的重要力量。面对数字经济飞速发展的新形势、新任务和新挑战，企业创新管理必然要发生重要变革，才能适应数字经济发展的需要。

　　本书以什么是数字经济、数字经济的历史演进以及数字经济的特征为切入点，重点探讨数字经济时代商业模式及价值、数字经济对传统零售业的冲击与重塑、数字经济发展中零售企业的转型、浙江省数字经济背景下区域零售商业竞争力发展、浙江省零售商业竞争力外生平台与内生平台、数字经济背景下新零售商业创新系统及模式，以及数字经济背景下零售商业模式创新发展前景。

　　全书内容系统全面、层次鲜明、结构清晰。从新技术、新模式、新策略的角度出发,有助于全面认识和进一步把握数字经济给企业创新管理带来的新变化,更好地进行企业创新、管理各项工作,促进企业不断创新,适应数字经济飞速发展的需要。

在撰写本书过程中,笔者得到了诸多专家学者的帮助和指导,在此表示诚挚的谢意。由于笔者水平有限,加之时间仓促,书中的内容难免有疏漏之处,祈望各位读者多提宝贵意见。

作者

2022 年 4 月

目　录

第一章

导 论

第一节 什么是数字经济

一、数字经济的内涵

数字经济是继农业经济、工业经济之后的一种新的经济社会发展形态。人们对数字经济的认识是一个不断深化的过程。

随着数字经济的深入发展,其内涵和外延不断演化。根据现行的国民经济行业分类和统计制度,准确界定数字经济不是一件容易的事情。其中,计算机制造、通信设备制造、电子设备制造、电信、广播电视和卫星传输服务、软件和信息技术服务等行业作为数字经济的基础产业,互联网零售、互联网和相关服务等几乎全部架构于数字化之上的行业,都可纳入数字经济范畴。数字经济难以准确界定的原因在于它是融合型经济。其他行业对信息通信技术的应用以及向数字化转型带来的产出增加和效率提升,是数字经济的主体部分,并且在数字经济中所占比重越来越高。

数字经济是互联网发展到成熟阶段后产生的经济形态,数字经济已经超越了信息产业范围与互联网技术范畴,具有更加丰富的内涵。当前,对数字经济概念界定主要有以下不同观点:

(1)数字经济是一种经济社会形态。数字经济是继农业经济、工业经济之后的一种新的经济社会发展形态,要站在人类经济社会形态演进的历史长河中看待数字经济的深刻长远影响。

(2)数字经济是一种基础设施。数字经济不仅体现在技术层面和工具层面,而且是一种网络化的基础设施,像工业时代建立在电力、交通等物理基础设施网络之上一样,未来经济社会发展会建立在数字基础设施之上,传统基础设施在物联网技术支撑下也会全面实现数字化,进入万物互联时代。

(3)数字经济是一种技术经济范式。从科学技术发展史看,数字技术是与蒸汽机、电力同等重要的"通用目的技术"(GPT),必然重塑整个经济和社会,数据成为最重要的生产要素,重构各行各业的商业模式和盈利方式,未来所有产业都是数字化产业,所有企业都是数字化企业。

二、数字经济的类型

数字经济是以数字化信息为关键资源,以信息网络为依托,通过信息通信技术与其他领域紧密融合,形成了以下5个类型:基础型数字经济、融合型数字经济、效率型数字经济、新生型数字经济、福利型数字经济;具体如表1-1所示。

表1-1　数字经济类型表

类　　型	内　　容
基础型数字经济	传统的信息产业构成了基础型数字经济,它是数字经济的内核

（续表）

类　　型	内　　容
融合型数字经济	信息采集、传输、存储、处理等信息设备不断融入传统产业的生产、销售、流通、服务等各个环节,形成了新的生产组织方式,传统产业中的信息资本存量带来的产出增长份额,构成了的融合型数字经济
效率型数字经济	信息通信技术在传统产业的普及,促进全要素生产率提高而带来的产出增长份额,构成了效率型数字经济
新生型数字经济	信息通信技术的发展不断催生出新技术、新产品、新业态,称为新生型数字经济
福利型数字经济	信息通信技术普及所带来的消费者剩余和社会福利等正外部效应,构成了福利型数字经济

第二节　数字经济的历史演进

一、数字经济的发展历史

（一）数字经济产生的背景

1. 世界各国积极搭乘数字经济发展快车

联合国贸易和发展会议（UNCTAD）在《2017年世界投资报告——投资和数字经济》报告中指出,数字经济是全球投资增长和发展的主要动力,它可以提升所有行业的竞争力,为商业和创业活动提供新机会、帮助企业进入海外市场和参与全球电子价值链,也为解决可持续发展问题提供了新的工具。麦肯锡全球研究院（MCI）发布的《中国的数字经济:全球领先力量》认为,中国是世界上几个最活跃的数字投资和创业生态系统之一,并认为中国数字市场的上行潜力比许多观察者预期的要大得多。数字经济正在成为全球经济发展的新动能。

2. 数字经济首次列入 G20 峰会议题

2016 年,中国作为 20 国集团(C20)主席国,首次将"数字经济"列为 G20 创新增长蓝图中的——项重要议题,于 9 月 4~5 日举行的 C20 杭州峰会上,通过了《G20 数字经济发展与合作倡议》(简称《倡议》),这是全球首个由多国领导人共同签署的数字经济政策文件。《倡议》敏锐地把握了数字化带来的历史性机遇,为世界经济摆脱低迷、重焕生机指明了新方向,提供了新方案,带来了新希望。《倡议》阐述了数字经济的概念、意义和指导原则,提出了创新、伙伴关系、协同、灵活、包容、开放和有利的商业环境、注重信任和安全的信息流动七大原则,明确了宽带接入、ICT 投资、创业和数字化转型、电子商务合作、数字包容性、中小微企业发展等数字经济发展与合作的六大关键优先领域,在知识产权、尊重自主发展道路、数字经济政策制定、国际标准的开发使用、增强信心和信任、无线电频谱管理六大领域鼓励成员加强政策制定和监管领域的交流,营造开放和安全的环境。面向未来,将鼓励 C20 成员国开展多层次交流,交流政策制定、立法经验和最佳实践,在培训和研究领域积极开展合作,与国际组织及其他团体积极互动,共同推动数字经济快速健康发展。

3. 我国出台《促进大数据发展行动纲要》

2015 年 8 月 31 日国务院印发《促进大数据发展行动纲要》,提出我国互联网、移动互联网用户规模居全球第一,拥有丰富的数据资源和应用市场优势,大数据部分关键技术研发取得突破,涌现出一批互联网创新企业和创新应用,一些地方政府已启动大数据相关工作。坚持创新驱动发展,加快大数据部署,深化大数据应用,已成为稳增长、促改革、调结构、惠民生和推动政府治理能力现代化的内在需要和必然选择。

在全球范围内,运用大数据推动经济发展、完善社会治理、提升政府服务和监管能力正成为趋势,有关发达国家相继制定实施大数据战略性文件,大力推动大数据发展和应用。

(二) 数字经济的发展意义

随着全球信息化步入全面渗透、跨界融合、加速创新、引领发展的新阶段,我国也借势深度布局、大力推动数字经济的发展,从而使其逐渐成为整体经济创新发展的强大引擎,并为全球经济复苏和优化发展提供借鉴和启发。数字经济是在计算机、互联网、通信技术等新一轮信息革命的基础,上发展起来的,因此也被称为信息经济。对于正处在整体经济转型升级关键期的中国经济而言,发展数字经济显然具有重要的特殊意义,有利于推动新常态下我国经济发展和创新战略的落地。

1. 经济新常态需要发展新引擎

经过多年的高速增长,我国经济逐渐步入增速放缓、结构升级、动力转化的新常态阶段,整体发展环境、条件和诉求都发生了深刻改变。因此,如何认识、适应和引领新常态,打造经济发展新动能,便成为我国实现经济跨越式发展的根本议题。特别是要化解经济新常态下的风险,必然离不开发展引擎的转变。

2. 信息革命推动社会生产生活方式变革

当前信息革命为我国打造新动能、跨越曾经普遍困扰各国经济发展的困境提供了历史性机遇。从人类社会的发展历史来看,每一次产业革命都将实现社会生产力的提升:农业革命推动人类从采集捕猎转为种植畜养,增强了人们的生存能力,使社会从野蛮、蒙昧时代进入文明时代;工业革命推动家庭作坊式的手工生产形态走向规模化的机器大生产,极大地提升了人类社会的生产能力,改变了以往的物质匮乏状况。同样,以计算机、互联网、通信等先进技术为代表的信息革命推动了社会生产生活方式的数字化、网络化、信息化、智能化。数字化工具数字化生产、数字化产品等数字经济形态快速崛起,为新常态下我国经济发展提供了新动能。

二、数字经济的发展趋势

数字经济与共享经济的融合,推动了共享时代的发展。同时,共享时代也给数字经济发展提出了新的要求,使之有别于传统的发展模式,呈现出以下新的发展趋势。

(一)数字经济内涵、外延将持续快速扩展

当前全球对数字资源重要性的认识、全球数字技术的创新发展等已非昔日可比,诞生出云计算、物联网、大数据、人工智能、虚拟现实等新技术新应用和平台经济、共享经济等新模式、新业态。目前所说的数字经济,实际上是一种"新数字经济"。未来,随着技术的发展、模式的创新和认识的提升,数字经济的内涵将进一步创新。

(二)需求增长将鼓足数字经济发展动力

从消费层面看,我国正处于消费升级期,数字消费又是消费的重点。从产业层面看,我国正处于产业升级期,大数据正成为与土地、劳动等同等重要的生产要素,智能制造正在引发新一轮制造业变革,数字化、虚拟化、智能化技术将贯穿产品的全生命周期,云计算、大数据、物联网技术等将加快向传统行业渗透切入,产业升级需求将孕育更加广阔的市场空间。从创新层面看,数字经济将成为创新创业的重要领域,具有规模的智力资源、资金资源将涌入数字经济领域,为其发展注入持续动力。

(三)政策创新将优化数字经济发展环境

后金融危机时代,各个国家都在数字经济领域发力,试图加快经济转型,实现可持续发展。我国也在近两年持续推出了多个规划、指导意见,以加快推动大数据、互联网等数字经济领域的发展。未来,国家对数字经济的

重视,将推动相关产业政策的创新,从而进一步优化数字经济的发展环境。

（四）数字经济发展将加速完善保障支撑

推动数字经济发展,需注重配套保障建设。在基础保障方面,将进一步推进宽带网络升级、提高互联网普及率、发展新型应用基础设施。在创新保障方面,将加快信息技术创新步伐,推动数字技术与各领域的协同创新,打造公共创新服务载体,优化创业创新孵化空间。在安全保障方面,将加快建设关键信息基础设施安全保障体系,增强网络空间安全防御能力,加强数据资源和用户信息安全防护。在统计保障方面,将探索建设适应数字经济特点的统计体系,使数字经济发展成果可见、可观。

（五）数字红利共享机制建设将加速推进

要实现共享发展就要让数字经济发展的红利实现普惠性释放,为此需要推进打造相关机制,比如数字就业促进机制、数字技能提升机制、数字精准扶贫机制、数字政府强效机制等。

（六）数字经济与资本的关系将更加密切

信息技术、互联网、云计算、大数据等已成为资本市场瞩目的焦点。未来,随着数字经济的发展,它与资本的关系更加密切。一方面,资本市场的大力支持将推动数字经济的发展;另一方面,数字经济的发展将提升效率,对资本市场长远发展产生积极影响。

（七）数字经济将成为推动全球化的新平台

数字经济本身就是全球经济,能够扩大贸易空间,提高资本利用效率,在促进市场竞争的同时催生创新。未来,随着数字经济的发展,将给世界各国带来新的全球化平台,各国有望通过数字市场的不断开放,加速国内市场和国际市场相互融合,实现互利共赢。

第三节　数字经济的特征

数字经济受到三大定律的支配。第一个定律是梅特卡夫法则（Metealfe's Law）：网络的价值等于其节点数的平方。所以网络上联网的计算机越多，每台计算机的价值就越大，"增值"以指数关系不断变大。第二个定律是摩尔定律（Moore's Law）：计算机硅芯片的处理能力每 18 个月就翻一番。第三个定律是达维多定律（Davidow's Law）：进入市场的第一代产品能够自动获得 50% 的市场份额，所以任何企业在产业中必须选择第一个要淘汰的产品。实际上，达维多定律体现的是网络经济中的"马太效应"。这三大定律决定了数字经济具有以下 5 个基本特征。

一、数字化特征

以二进制的形式来表示和处理信息，将包括文字、图片、视频、声音等在内的诸多信息转化为计算机能够读取、处理和传输的二进制代码。20 世纪中叶计算机的发明标志着数字化的起步，这一时期主要的商业模式是芯片生产和制造、计算机生产和制造、操作系统开发、相关软件开发等，代表公司为 IBM、微软、英特尔。虽然如今大部分信息都能以数字化的形式表示，但数字化的进程仍远未结束，还有大量信息和设备游离在数字系统之外。

在共享时代，为促进数字经济发展，必须通过延伸共享经济领域，推动传统产业向数字化转型，从而利用数字技能推动共享经济与数字经济的深度融合创新。鼓励共享经济深度发展，拓宽应用领域，为与数字经济融合提供条件。伴随信息技术的发展尤其是"互联网＋"的发展，共享经济模式成为创业首要选择，从餐饮住宿、金融借贷、交通出行、医疗保健到房屋租赁、科研实验、创意设计等,在更多领域与数字经济开展融合,从而促进共享经济和数字经济的双向发展。

二、网络化特征

通过网络通信技术实现人与人、人与物、物与物之间的实时连接。20世纪60年代末,阿帕网的诞生标志着网络化的萌芽;90年代以后互联网的全球普及为数字经济发展构筑了至关重要的基础设施。除了互联网以外,物联网也在高速成长。全球移动通信系统协会(GSMA)最新报告预计,2020年全球170家运营商商用5G网络,用户数超过1.7亿。预计2025年,5G用户数将达到17.7亿(不含物联网)。

全球网络空间治理体系要想实现深度变革,离不开数字经济。以数字经济为驱动力,推动网络空间开放、合作、交流、共享,让互联网更好助力经济发展、社会进步、生活改善,做到发展共同推进、安全共同维护、治理共同参与、成果共同分享。

三、商业化特征

数字经济将会对众多产业造成颠覆性影响,传统商业模式已不能满足需要,因此,未来必须重新构建商业模式。共享时代,数字资源的"共享价值"超过了"交换价值",社会资本将会与金融资本处在同等重要的位置,合作共赢将会超越竞争,商品使用权将会超越所有权,可持续性替代消费主义,一系列的变化推动着新的商业模式的出现。

数字经济未来将会以大数据、云计算、互联网以及人工智能为线索,在传统商业模式基础上进行重新设计,构筑依靠数字产品横向延伸价值链和依靠数字技术纵向衍生产业链的基本商业模式,以及依靠数字技术来驱动的跨行业、跨区域商业模式。

四、智能化特征

人工智能研究在多个领域实现突破,数字经济进入以智能化为核心的发展阶段。目前其商业模式还主要集中在单一的弱人工智能应用上,包括语音识别、自动驾驶、机器人写稿、图像识别、医疗辅助等诸多领域,代表性公司有谷歌、百度、科大讯飞、阿里巴巴、苹果等。

未来,智能化技术发展将对数字经济发展产生质变效应,推动人类生产生活方式的新变革。利用共享时代的优势,加快传统企业的数字化转型,将是未来所有企业的核心战略。在共享时代利用个人、企业、政府甚至社会的闲置资源,依靠互联网、大数据、云计算等数字技能,推动传统企业向数字化转型发展。传统企业依靠"互联网+企业"的模式,应用数据化思维,建立连接内外资源、协作共享的机制,通过建立数字化的协同平台以及资源、财务、法务共享平台,实现互联互通,做到精细化管理,最终实现传统企业的智能化发展。

五、共享化特征

(1)共享时代要求数字资源的共享性。数字经济的发展方向应当是不断拓展数字信息资源,发展关于数字技术的集成、存储、分析以及交易业务,在共享时代下释放数字技术资源的新价值。

(2)共享时代需要数字技术与产业融合发展,以便创造出更多的商业发展模式。数字技术与产业融合成为数字经济的重要发展方向,通过产业融合,实现产业数字化、智能化,产业的边界逐渐模糊,最终形成产业开放化发展以及产业向价值网络的转型升级。

(3)共享时代要求数字经济发展具有强大的服务功能,由此才能带动对共享商业模式的更多需求。融合服务业与数字技术发展的服务型数字产业是共享时代数字经济发展的重要方向，也体现出数字经济在共享时代的应用性，以数字技术为基础的数字金融、智能支付、智慧物流、智慧健康、电子商务、数字信息服务等服务型产业将在共享时代迅猛发展。

第二章
数字经济时代商业模式及价值研究

第一节　商业模式内涵

一、商业模式的概念

商业模式概念起源于 1957 年,但直到 20 世纪 90 年代,随着 IT 技术的蓬勃发展才逐渐流行起来。由于电子商务的突飞猛进,不断催生了新的企业经营形态,而这些管理实践又不断促进商业模式领域的研究不断深化。商业模式概念分为广义和狭义两种。

（一）广义的商业模式

从广义上讲,商业模式是指为实现客户价值最大化,把能使企业运行的内外各要素整合起来,形成一个完整的、高效率的、具有独特核心竞争力的运行系统,同时通过最优实现形式满足客户需求,实现客户价值,使系统达成持续盈利目标的整体解决方案。换言之,商业模式描述的是一个组织创造、传递以及获得价值的基本原理。

商业模式是企业创造价值的核心逻辑,创造价值不仅仅是指创造利润,还包括为客户、员工、合作伙伴、股东等提供价值。因此,商业模式研究的是在满足客户价值的基础上如何获取企业的自身价值。

在这个基础上,管理学家进一步将商业模式分解为以下要素,如表2-1所示:

表2-1　商业模式画布

重要伙伴 (KP)	关键业务 (KA)	价值主张 (VP)	客户关系 (CR)	客户细分 (CS)
	核心资源 (KR)		渠道通路 (CH)	
成本结构(CS)			收入来源(RS)	

(1)客户细分(CS):描述企业想要获得和期望服务的不同的目标人群和机构。

(2)价值主张(VP):描述企业是为某一客户群体提供能为其创造价值的产品和服务。

(3)渠道通路(CH):描述企业如何与客户群体达成沟通并建立联系,以向对方传递自身的价值主张。

(4)客户关系(CR):描述企业针对某一个客户群体所建立的客户关系的类型。

(5)收入来源(RS):描述企业从每一个客户群体获得的现金收益。

(6)核心资源(KR):描述为了保证企业顺利运行所需要的最重要的资产。

(7)关键业务(KA):描述企业成功运营所必须采取的最重要的行动。

(8)重要伙伴(KP):描述企业顺利运行所需要的供应商和合作伙伴网络。

(9)成本结构(CS):描述运营该商业模式所发生的全部成本。

通过以上9个要素形成了商业模式画布这样一个操作工具,以供商业模式的创新和优化。

由于9个要素模型完整地反映了企业的战略定位、运营过程和利润来源,且具有一定的操作性,因而得到了学者们的广泛认同。但该模型的构成要素过于丰富,要素关系复杂,较难理清各要素之间的关系,因而应用的难度较大,而且各要素涉及战略管理、营销管理等很多相关内容,企业在实际操作时较难落地。

当人们试图从这9个要素发力去做出改变的时候,其实就是给企业做全盘的战略梳理,甚至可能需要重新调整企业的战略定位、产品和服务,等等。对于一个初创企业而言,这是必要的,但对于很多需要转型的企业而言又是不现实的。多数时候,企业的战略定位是明确的、细分客户群是明确的、产品和服务是既定的,需要做的是进行商业模式的优化,从而进一步提升企业的盈利能力。换言之,战略系统要回答的最根本的问题是,企业究竟如何给客户创造独特的价值,而商业模式要回答的最根本的问题是公司通过怎样的途径或方式来经营。

(二) 狭义的商业模式

从狭义、具体的角度来看,商业模式研究的是企业如何通过与其他企业之间、与顾客之间、与渠道等相关利益者之间的业务结构设计以及盈利结构设计来获得竞争优势。

各个企业都需有不同的商业模式:汽车公司通过卖车经营、食品公司通过卖食品经营、快递公司通过送快递经营、通信公司通过收话费经营,等等。

总之,没有商业模式就不能称其是一个企业。

综观数字化时代千变万化的商业模式,多数案例的成功之处都在于重新规划了与相关利益者之间的业务结构,从而用不同的交易方式产生新的盈利点。也就是说,即使是同样的产品和服务,在数字化时代中,不同的商业模式也造就了很多行业的领军企业。

二、商业模式设计的原则

(一)客户价值

客户价值既是企业存在的起点,又是企业的归宿。而商业模式研究的是企业如何盈利。因此,很多人容易走进一个非此即彼的误区,为了企业多盈利而伤害客户价值。这样的商业模式,也许能在短时间内获利,但必不能长久维持。

好的商业模式一定是给客户价值加分的,可能是让客户获得更多价值而愿意多付费给企业,也可能是让客户能低成本地获得企业的产品和服务;而不好的商业模式则是给客户价值减分的,可能是利用人性的弱点让客户不知不觉地付出更多不必要的费用。

(二)盈利方式

商业模式设计本质上揭示的是盈利的模式,当设计商业模式时,一定要回答企业如何盈利,以及即使现在不能盈利,未来应该如何盈利。好的商业模式一定要能盈利,并且是持续盈利。

企业能否持续盈利是判断其商业模式是否成功的唯一外在标准。反过来,如果没有明确的盈利方式,就一定不能称为好的商业模式。

第二节　数字经济时代商业模式创新趋势研究

一、数字经济时代商业模式的本质

商业模式设计的三个必要步骤：确定客户价值主张；设计利益相关者的业务结构；优化企业的盈利模式。数字化时代为每一个部分都提供了很多新的可能性。这种可能性的来源，要从数字化时代最本质的要素来考察。

互联网、移动互联网有两个本质：一是数据化。也就是实物的虚拟化、信息化；二是连接。当大部分实物都被数据化之后，用互联技术连接起来，就构成了互联网这个虚拟的世界。这就是数字化时代最本质的特征。未来还会有更多实物被虚拟化，每个实物会产生更多维、更立体的数据。譬如一个杯子，可以用长、宽、高、容量之类的数据来形容它，也可以用图片数据来展示杯子的设计，还可以用文字来描述杯子的材料和制作工艺，如果给杯子装上温度传感器，甚至还可以获得杯子中水的实时温度，将这些数据通过蓝牙传到互联网，这个杯子就被连接到互联网上了。

这就是数字化时代最本质的变化。这种变化对商业有一定的影响。商业的本质是价值交换，但是价值交换的前提是连接，只有产生连接，才会有交换的产生。无数商家都在努力为连接创造条件，如：广告最核心的目的是为商业交换的发生创造条件，开实体店是在空间上为这种连接创造条件。过去，要购买产品必须到商场里，商场有商场的营业时间，如果不去商场，或不在商场的营业时间段里去商场，就购买不到产品。目前，互联网的虚拟世界是 24 小时在线的，人们可以把所有行业的所有产品都放到互联网上去交易。所以，在数字化时代中，由于实体世界的不断数据化和不断连接，商业的基本结构被改变了。数据和连接类似数字化时代中新的基础设施，所有的商业必须在这个新的基础设施下重构。

二、数字经济时代商业模式的创新路径

数字化的颠覆首先出现在媒体行业：线上媒体、移动媒体、自媒体如雨后春笋般破土而出，传统的媒体不断被线上取代。

电子产品的渗透，京东的崛起就是用更便宜的价格和更快捷的送货取代了线下企业，随后是时装、个人护理品、化妆品、家居用品，等等。目前，几乎所有的商品都能在线上买到，并且线上正在对线下形成强烈的冲击。

2018年，天猫"双11"02分05秒，交易破100亿元。截止2018年11月12日0时0分0秒，2018天猫"双11"总成交额超2 100亿元。而这样的成交业绩，在10年前首届"双11"，也才有5 000万元。2019天猫"双11"，仅用时21秒，成交额突破10亿元1分36秒，天猫"双11"成交额突破100亿元。而2018年天猫"双11"突破100亿元的时间是2分零5秒。2019年天猫"双11"购物节最终成交额为2 684亿元。

过去，餐饮行业外卖很难做，一方面订单比较少，也不方便；另一方面送餐比较困难，得额外请员工送餐，成本比较难把控。而饿了么、美团等外卖平台的出现很好地解决了这些问题。首先，是它们拥有数字化的营销展示平台和订单管理平台；其次，这些平台建立了庞大的物流团队，解决了送餐问题。对商家来说，现在外卖已经很容易操作了。外卖业务使餐馆的物理营业范围大大拓宽，为餐饮行业增加了很多新的可能性。

在新时代，颠覆正在每一个行业发生着，颠覆者几乎在每一个网络渗透率高的行业保持着持续强劲的增长趋势。这种颠覆的原动力来自效率的提高，每个行业都在出现新的商业模式。目前要把握的，不仅仅是商业模式的结构，更重要的是把握数字化时代中商业模式创新的趋势。

三、数字化时代商业模式的发展趋势

数字化时代中商业模式有以下三大发展趋势。

（一）价值颠覆的趋势

从商业发展的角度来看，永远是先进的模式打败落后的模式，高效的模式打败低效的模式，行业的每一次颠覆，一定会出现革命性的产品或者是颠覆性的商业模式。

数字化时代改变了商业的基础设施，每个行业都可以利用数字化和互联网技术大幅提升企业自身的效率，大幅提升行业产业链的效率。毫无疑问，在这个过程中最大的受益者是客户。每一次社会性效率的大幅提升，惠及的首先是客户，而对企业来讲，就是残酷的优胜劣汰，能适应新的行业结构、能跟上行业发展速度的企业会生存下来并且做大。

价值颠覆是商业模式创新的第一个大趋势。例如，电商对线下实体店的冲击在于，线上的成本大幅低于实体店的成本，且线下实体店房租的成本逐年递升。在企业营销策略的定价理论里有个词叫定倍率，例如，某商品的成本是 10 元，价格定为 20 元，定倍率就是 2。过去线下实体店的定倍率普遍要在 3 倍以上，因为房租成本大致要占营收的 25%～30%，再加上人工、水电费用等其他开支，定倍率在 3 倍以下几乎没有盈利。但在网上开店没有房租成本，线上的商家凭着完全不同的成本结构，在价格上进行微变化就可以盈利。

（二）平台模式的趋势

（1）平台热词。自从阿里巴巴成功之后，平台模式几乎成了创业圈最热的一个词。无数创业者拿着商业计划书一遍遍求见投资人，讲述着各个行业和领域的平台的故事，立志要做行业的阿里巴巴。现实中，各行各业确实都出现了新的平台模式，虽然还没有如阿里巴巴一样成功，但是趋势已经非常明显,特别是行业的垂直平台。

(2)平台模式的核心作用。平台这个词追溯起来就是商业模式中的"配电盘"。在某些市场中,许多供应商与许多客户发生交易,双方的交易成本很高,会导致一种高价值的中介业务的出现。这种中介业务的作用类似于配电盘,其功能是在不同的供应商与客户之间搭建起一个沟通的渠道或是交易的平台,以降低买卖双方的交易成本,而中间商也可以抽取一定的费用。从这个含义来看,平台的核心作用是提供连接。如果根据平台服务的客户来分,有3种基本的平台模式:连接客户与商家的平台(B2C平台);连接客户与客户的平台(C2C平台);连接商家与商家的平台(B2B平台)。

(3)数字化时代的平台模式。综观目前成功的平台的商业模式,其实在传统商业中都存在。例如,天猫对应的是传统的百货公司,阿里巴巴对应的是广交会,生鲜B2B平台对应的是传统的农贸市场,行业B2C垂直平台对应的是红星美凯龙,淘宝对应的是地摊和跳蚤市场,京东对应的是苏宁、国美等传统卖场,唯品会对应的是工厂折扣店或者奥特莱斯,等等。换言之,平台模式其实一直都存在,传统的平台以空间和流量为核心价值,其最大的限制就是空间,所以传统线下的渠道是区域性的、有限制的,因此,大量的本地平台早已将复制的模式在经营中已取得盈利。

到了数字化时代,虚拟世界没有空间限制,不受时间制约,让平台从区域性的竞争瞬间变成了全国性的竞争,几乎每个行业都存在做全行业平台的机会。

(三)跨界融合趋势

跨界融合是数字化时代的必然趋势,跨界的本质是多元化的一种,企业多元化战略是指企业在原主导产业范围以外的领域从事生产经营活动,它是与专业化经营战略相对的一种企业发展战略。

所有生态战略的背后一定涉及不同行业的多元化。工业化时代强调的是专业化分工,利用专业化的分工来获得规模化的生产能力。工业化时代每一个领域都很专业,很多企业的多元化尝试都失败了。一般来讲,企业如果实力不够,在没有做到行业的领先之前,不建议企业走多元化道路。

工业化时代的无数案例也证明,专业化道路成功的可能性大大高于多元化的道路。这在数字化时代发生了极大的变化。当数据成为行业的基本要素之后,原来行业的壁垒和边界被数据击穿了,数据和算法变成了每个行业共同经营的核心要素。

第三节 数字经济时代商业模式的价值主张研究

一、客户价值是商业模式的起点

任何成功的商业模式都必须有一个基点,即能给客户提供实实在在的价值。换言之,客户价值是任何商业模式的起点,也是商业模式的核心,任何忽视客户价值的商业模式都不是好的商业模式。

(一)微商的来源

移动互联网把每个人都连接到了网络上,而微信则把每个人的社交圈都转移到了互联网上。换言之,微信中的朋友数量代表了社交圈的广度,而朋友圈中被点赞的数量则代表了受欢迎的程度。如果认真经营,可以在互联网这个虚拟的世界里建立起比以往在实体世界中更加宽广、更加丰富的人脉交际圈。

因此,这给商业带来了新的变化。首先,每个人都可以通过互联网、朋友圈发布不同的见解和看法,这意味着自媒体时代的来临;其次,自渠道时代也来临了。每个人都可以在社交圈里向别人推介产品、完成交易,也就是说每个人都可以成为商业的渠道,人人皆可经商。这就是微商产生的时代背景，从本质上来说，微商其实是一种基于熟人关系的社会化分销。

微商的增长速度惊人，2012—2016 年，微商的发展速度几乎超过了传统电商 10 年的成长速度。随着中国互联网行业人口红利逐渐消失，电商获客成本显著上升，低端市场愈发受到电商企业的关注，消费者对低价产品存在大量需求，同时消费两极化和大众创业就业需求导致 2019 年社交电商行业稳步发展。2019 年，中国社交电商行业表现出参与者人数众多、交易额巨大、创新不断、明星企业频现的特征，社交电商企业从引流模式创新到系统化运营升级的进化趋势明显。系统化运营体现在社交电商行业各个环节，包括大量多维度跨界产品投入研发生产、商品供应链从厂家代工到产地直供、大数据应用从代理商体系发展到消费行为分析等。2021 年我国网上零售额达 13.1 万亿元。

（二）微商的商业模式

从商业模式设计的角度，微商以下特点。

（1）从业务结构的角度，微商业务结构的核心是构建团队，团队上下层级之间靠利益维系。

（2）从盈利模式的角度，这类模式最大的成本就是整个微商团队的层层激励。产品成本通常只是最终售价的 10%，而各个层级构建过程中大致要分取营收的 60%，这是比较常见的分利比例。除此之外，还需要额外再拿出 15% 左右的钱来进行优秀成员激励，如去海外旅游、重金激励标杆成员等。从利益相关者的业务结构和盈利模式的角度来看，这个商业模式也非常完整，具有竞争力。

但从客户价值的角度来看，微商的交易结构决定了微商的产品必须具备两个特点：一是售价最好低于 500 元，这样容易快速在朋友圈里推广；二是产品的定倍率必须高。所谓定倍率就是商品的零售价格除以成本价的倍数。在传统线下行业中，鞋服的定倍率是 5～10 倍，化妆品则高达 20～50

倍。过高的定倍率,折射出的是这条产业链的效率低下,这其实就是实体零售衰退的重要原因。

随着数字化时代的推进,电商就是用更高的效率去掉传统的代理层级,摆脱了实体零售中高得不合理的房租、进场费、广告费等,从而实现崛起的。同样的商品,通过电商渠道购买的价格往往远低于实体店。

二、明确价值主张的含义

(一)差异化战略

每当一个企业推出了新的产品,无数竞争对手马上会推出类似的甚至是一模一样的产品,并且模仿速度很快,说不定价格还比原来的产品更便宜。

中国经济崛起的40年,是一个从产品匮乏到产品过剩的过程,也是一个不断创新的过程;大量的企业通过不断模仿国外产品,利用中国的人口红利和市场红利来进行低价竞争,也就是同质化竞争。因此,任何一个行业从市场的红利期到迅速过剩的速度都变得前所未有的快。

企业要生存下去,主要有两种战略:一是总成本领先战略,就是跟竞争对手死拼价格;二是差异化战略,选择不一样的价值定位。

(1)采取总成本领先战略,是要不断提高内部运营效率,把成本做到最低,通过低价不断扩大客户规模,用规模来建立竞争壁垒,用更高的运营效率打败竞争对手。例如,采矿业普遍采取的就是这种战略,通过不断的并购扩大市场份额,通过规模化的生产降低成本,以此获得竞争优势。

(2)采取差异化战略,就要不断进行产品创新,给产品赋予不同的性能和价值点,以满足客户不同的需求,即企业要做与竞争对手不同的事情。

如何做与竞争对手不同的事情,主要有两个核心关键点:第一,找到客户的某个差异化需求点,这个非常重要;第二,在竞争激烈的环境下,当找到客户的差异化需求点后，可以筛掉一部分竞争对手，然后在同样选择这个差异化价值定位的所有企业中做到最好。其方法是不断聚焦，直到所有竞争对手都达不到的程度。找到了一个客户的差异化需求点，又能做到竞争对手做不到的专业程度，企业才算真正走出了一条差异化的道路。

差异化战略对于企业而言，先是比拼找差异化点的能力，再是逼近差异化点的满足能力。在这条道路上，可以不用和竞争对手硬碰硬地拼价格，品牌还会拥有一定的溢价能力。对于多数企业而言，走差异化道路是未来的主要竞争趋势。

（二）客户认知决策

从营销的角度而言，没有客户认知，一切皆无。心理学家发现，为了能够在信息的爆炸性增长时期处理更多信息，人们的大脑逐渐形成了首先把外部信息归类存储，然后在每类信息中进行排列记忆，而每类信息中最多也就排列 7 个。心智阶梯理论认为，消费者的消费者会在心智中形成一个优先选择的品牌序列——产品阶梯，当产生相关需求时，消费者将依序优先选购。一般情况下，消费者总是优先选购阶梯上层的品牌。这时，可以认为品牌在消费者心智中占有某个品类或特性的定位。消费者一般只能记住一个品类中的 7 层阶梯（也就是 7 个不同的价值点认知概念），某个品牌如果想获得消费者的认可，就必须进入这个 7 层的阶梯；如果想进一步发展，就必须进入靠前的阶梯上。

最重要的营销竞争就是争夺客户认知，换言之就是品牌。品牌指的是客户对产品的认知深度，是客户脑子里对产品的瞬间记忆和联想。对于企业而言，品牌是一种实实在在的资产，品牌承载着消费者对该产品的认知和评价，好的认知能使消费者更加信赖该产品，愿意在同等条件下优先选择该产品，愿意为该产品付出更高的溢价。

产品是实物的，品牌是抽象的；产品是理性的，品牌是感性的；产品是唯物的,品牌是唯心的。有品牌就一定有产品,而有产品不一定有品牌,没有在消费者大脑里形成认知就没有品牌。品牌是关于消费者认知的竞争,品牌的建立过程就是一个产品在消费者心智中构建认知的过程。

在消费者购买产品的时候,根据购买者的介入度和品牌差异度两个维度,可以划分为4种决策模式,如表2-2所示。

表2-2 消费者决策模式

模式	内 容
习惯性购买	这种购买模式是指消费者介入低,品牌差异小。对于这类产品,提高销量只有两条途径:一是通过价格和促销来刺激消费者购买;二是通过增加品牌的差异化和提高消费者介入度
多样性购买	这种购买模式是指消费者介入低、品牌差异大,如方便面、饼干、饮料等产品。这种情况下,消费者经常转换品牌,并不是因为不满意,而是为了有更多的可能性
减少失调的购买行为	这种购买模式是指消费者介入高,但品牌差异小。对于这种类型,企业必须注重品牌的售后沟通,让消费者对企业的品牌选择感觉良好
复杂的购买行为	这种购买模式是指消费者介入高,品牌差异大。品牌需要了解消费者是如何收集和评价信息的,帮助消费者了解产品属性及不同要素的重要性,突出和强化自身品牌的特性,还要取得终端渠道人员的帮助和推广,最终达成销售

三、明确价值主张的实际操作

(一)客户的明确

任何商业的起点都是客户。几乎每一个行业的成功企业,都有明确清晰的客户定位。

企业如何服务客户,这是在设计商业模式之前必须弄清楚的。只有明确了目标客户,才可以定位相关差异化特性,才可以有针对性地布置渠道策略并采取相应的传播策略。比如,百事可乐锁定的是年轻一代,所以从价格、产品、包装、渠道、公关到广告代言等各方面都围绕着这一定位来展开。

在笔者的企业战略咨询实践经验中,企业家在做客户定位的时候必须遵循以下两条重要的法则:

1. 精准的细分原则

很多企业在做客户细分的时候显得不够细腻。比如女装,服务对象年龄差距较大,只有精确地细分客户,才能剔除非目标客户,选定最有价值的细分客户。

在数字化时代,消费者的个性化需求将倒逼品牌不断分化,企业唯有更精准地聚焦客户,才可能在满足客户需求上做得更深,品牌才更有生命力。例如,宝洁公司是工业时代客户细分做得最成功的公司。在美国,宝洁拥有8 个洗衣粉品牌、6 个肥皂品牌、4 个洗发水品牌和 3 个牙膏品牌。在中国,宝洁旗下的洗衣粉有碧浪、汰渍;洗发水有沙宣、海飞丝、飘柔和潘婷;香皂有舒肤佳、玉兰油等。宝洁根据客户对洗发产品的不同需求,把客户分成不同的类型,根据不同类型的消费者设计不同的产品并进行定位,所有的产品广告都是针对不同的客户细分群体量身定制的。比如,在海飞丝的广告中,肯定会看到头皮屑;沙宣的广告中一定有专业发型设计师;潘婷的广告中一定有营养头发的概念。

2. 按内在特征细分客户

在细分客户上,企业应按照内在特征细分客户,如图 2-1 所示。外在特征,指消费者的年龄、收入、城乡差别、富裕程度、教育程度等一些外在指标;而内在特征,指消费者的内在价值观、爱好、对品牌的诉求等。

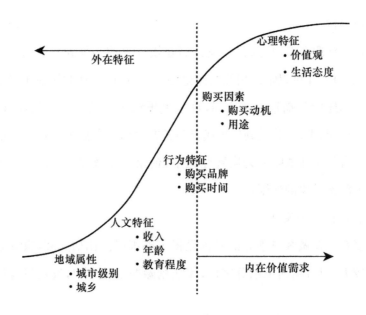

图 2-1　消费者的外在特征和内在价值需求

资料来源:鲍舟波.未来已来:数字化时代的商业模式创新[M].北京:中信出版社,2018

20 世纪 90 年代中期,耐克的市场研究部门发现,随着生活方式的多元化发展,思维方式和生活态度越来越成为影响耐克消费者的最重要因素,于是耐克开始采用生活态度对消费者进行细分,根据消费者对新产品、新技术的接收时间和接受程度分为创新者、最先尝试者、早期从众者、晚期从众者和落后者。

耐克将客户锁定在"最先尝试者",他们大约占总人数的 10%,一般都是某一个市场或领域的"意见领袖",可以帮着将品牌或产品推荐给"从众者"和"落后者"。通过这样的客户细分,耐克实现了业绩的突飞猛进,1996 年,其市场占有率攀升至 43%,仅美国市场的销售额就超过 30 亿美元。

毫无疑问,按照内在特征进行的消费者细分,本质上是在定义目标消费者的性格特征,以及他们拥有的价值观、人生观、世界观。之后,就很容易定义品牌应该拥有的人格特征了。只有品牌的人格特征与消费者的内在特征相吻合,消费者才会对品牌产生强烈的归属感和较高的忠诚度。

(二)差异化价值的明确

企业差异化的价值点包含三重含义:一是客户需要的;二是企业能做到的;三是竞争对手做不到的。确定差异化的价值点主要有以下方面。

1. 客户的价值维度

客户的价值维度有 3 个层面:理性价值、感性价值、象征性价值。

需求层次理论,将人类需求像阶梯一样从低到高分为 5 个层次,即生理需求、安全需求、社交需求、尊重需求和自我实现需求。一般而言,生理需求、安全需求属于理性价值,社交需求、尊重需求属于感性价值,而自我实现需求属于象征性价值。

(1)品牌的理性价值就是职能类要素,着眼于产品的功能性利益或者相关的产品属性,如功效、性能、质量、便利等。

(2)品牌的感性价值就是情感类要素,其更加重视表达品牌的情感内涵,让品牌带给消费者的感知从产品本身上升至情感层面。

(3)品牌的象征性价值又称人格价值,是满足消费者的心理需求的,能够让消费者跟其他人不一样。换言之,品牌有鲜明的个性,能够让消费者表达个人主张和不同价值观。从价值要素金字塔来看,改变生活类、社会影响类的价值元素都属于人格价值。

行业不同,客户看重的产品价值要素是不一样的。如对于工业品牌,客户更看重质量、降低成本、省时等价值要素,而对于食品和饮料,客户更看重质量、感官吸引力、多样化、设计(审美)和安抚价值。

在确定品牌差异化价值的时候,先要从行业的角度出发,把对细分客户有价值的所有要素全部罗列出来,包括理性价值、感性价值、象征性价值。这里一定要以客户作为出发点考虑问题;然后,价值要素点列得越全越好,越符合客户真实需求越好。

2．画出价值曲线图

（1）画一个坐标图，把刚才找到的客户价值要素点列在横轴上，竖轴则是打分，可以简单分为 0～5 分，0 分表示没有此项服务，1 分表示极差，2 分表示差，3 分表示中等水平，4 分表示好，5 分表示非常好。如图 2-2 所示。

图 2-2　工业品牌价值曲线图（未打分图例）

（2）针对横轴上的每一项要素，给象限内自身的产品或者服务打分，然后把每个分值点连成一条线，这条线就叫作企业自身的客户价值曲线。

（3）用与（2）同样的方法，给企业最直接的竞争对手打分，画一条它的客户价值曲线，可以用不同颜色的笔，这样在视觉上能看得更清楚。

这里的（2）和（3），都需要由非常了解市场、了解竞争对手、了解自身的人员来分析，最好在画图之前做好相应的调研工作，在画图过程中，让公司的销售、营销、高管人员各自分别画出来。对于这些相同的要素，在不同人眼里，理解是完全不一样的。所以，在这个过程中，充分调研、集体参与、沟通讨论非常重要。

（4）画出目标细分客户需求的曲线。这一步非常重要，对细分客户需求的理解、洞察力直接决定了企业将聚焦的发力点。推荐的是"剔除、减少、增加、创造"四步法。具体如下：

①可以剔除所在行业中企业长期竞争攀比的元素。这些元素经常被认为是理所当然的，但对于目标客户而言，有可能它们不再具有价值。

②可以发现现有产品或服务在功能上的设计，企业给客户的超出了客户所需要的，这会徒然增加企业的成本而未必有好效果。

③可以去发掘和消除不得不对客户做出的妥协，在这些地方多付出一些，会使客户的好感度陡增。

④发现买方价值的全新源泉，以创造新的需求，改变行业的战略定价标准。

通过以上分析，画出一条细分客户的价值曲线图。

（5）价值曲线图上已经有了 3 条价值曲线，分别是客户、直接竞争对手和企业自身的。在这个图上，可以找到客户很想要但没有被满足的，竞争对手做得比较差而自身通过努力可以做到的 1～3 个价值要素，这些价值要素的组合就可以作为品牌的核心价值。

（6）品牌的核心价值既可以是理性价值，也可以是感性价值和人格价值。但不管是什么品牌，最高境界就是拥有人格价值；拥有了人格价值，品牌就拥有了人性，能激发消费者更高的忠诚度。

成功的人格化的品牌形象就是最好的公关，能够促使顾客与消费者的关系更加密切，使消费者对品牌及其内在文化的情感逐渐加深。最终，品牌在消费者心目中的形象已经不仅仅是一个产品，而渐渐演变成了一个丰满的"人"，甚至拥有自身的外貌、个性、气质、文化内涵。有人格价值的品牌，可以远比没有人格价值的品牌获得更多的溢价。

四、重新审视价值主张

明确客户价值主张是一家公司商业模式的起点和基础;在实际操作中,必须明确客户是谁? 明确满足客户需求的差异化价值点在哪里? 这本质上就是品牌定位的过程。定位在商业模式的实际操作中是基础,也是必不可少的第一步。

当数字化时代来临之际,数字技术的出现给商业带来了很多新的可能性。数字化时代的技术给商业带来的结构性变化,这就意味着当人们在思考价值主张的时候,必须站在时代的高度去看技术给行业带来的变化,必须重新审视技术带来的新的可能性。在这个全新的时代中,只有不断利用新的技术在客户价值层面进行创新,才有机会在这个时代脱颖而出。

(一)从移动支付看客户价值创新

移动互联基础设施的成熟将重组传统行业的客户价值。支撑起这股热潮的是移动支付功能作为移动互联基础设施的成熟完善和消费者教育的完成。以下根据移动支付的发展,进行探讨:

2008 年 2 月,支付宝开始推出手机支付。

2010 年 12 月,支付宝宣布与中国银行合作,首次推出信用卡快捷支付,一举完成了全新金融模式与传统银行的对接。

2016 年,支付宝在中国实现了 1.7 万亿美元的支付额,比 4 年前(2012年)的 700 亿美元增长了 24 倍;同期,微信支付的总额达到 1.2 万亿美元,更是比 2012 年的 116 亿美元猛增 103 倍,根据中国支付清算协会的数据,2016年,国内商业银行共处理移动支付金额 157.55 万亿元,非银行支付机构共处理 51 万亿元,总额约 209 万亿元。数据可谓惊人,是国家 GDP 的 3 倍。

2017 年 8 月,高盛发布了《金融的未来:中国金融科技崛起》的系列报告,在第一篇"支付:生态系统之门"中,发布了中国支付市场的数据:中国目前大概有 40% 的零售交易通过第三方支付完成，而在美国的无现金交易中，第三方支付的比例仅为 7%；在中国全部的第三方支付交易中，75% 的交易额是通过手机完成的，而美国的商业支付市场，仅有 20% 的交易是通过手机完成的。联合国环境署下的无现金联盟发布的《中国社交和电子商务平台和中国数字支付生态的成长》指出：中国在移动支付领域已经明显领先于全世界，普及率也最高。可见，在这一拨由互联网技术推动的移动互联网经济浪潮中，中国已经走在了最前列。

2019，中国最大的第三方支付机构蚂蚁金服估值已经超过 1 500 亿美元。移动支付作为移动互联网时代商业的基础设施，就像是工业时代的信用卡支付一样，开始渗透消费者的日常工作、生活、娱乐、教育、理财、社交等各个层面。可见，这种渗透一方面将重组很多传统行业的价值，另一方面会催生很多新的市场。

（二）应用人工智能技术创新客户价值

毋庸置疑，人工智能正在加速走进人们的生活，一方面它将开启数千亿美元的新市场，另一方面将对商业世界产生较大的影响。

1. 服装行业的 Stitch Fix 的认知

Stitch Fix 企业不仅仅是一家服装零售商，更像是一家服装穿衣搭配的综合解决商。它聚合了大部分品牌的服装资源，利用强大的数据库和精准的算法为每位女性定制专业的穿衣搭配指南。每年都有无数的服装品牌诞生，也就意味着无数的新时装的诞生。对于消费者而言，如何选择最适合自己的时装，成了一种令人头痛的烦恼。Stitch Fix 敏锐地看到了消费者的这种需求，所以它的客户价值创新，不是给消费者设计出更多、更时髦的服装，也不是简单地售卖服装，而是通过数字化技术，帮助消费者选择服装。

消费者从 Stitch Fix 购物，既不需要进入商店挑选，也不需要花大量时间上网浏览网页，取而代之的是先填写一份详细的表格，其中包含个人的形体特征、喜欢的风格和购物预算。这个表格中的问题甚至细致到消费者的身高、体重，以及出去约会的次数，喜欢哪种风格的首饰和哪种风格的衣服，等等(见图 2-3)。

图 2-3　Stitch Fix 官网

　　Stitch Fix 的设计师的工作就是根据消费者的问卷，以及其提供的社交信息，从超过 200 家品牌(其中有 6 家专为 Stitch Fix 独家定制)的产品中为消费者挑选符合他们体型、风格偏好的衣服和搭配首饰。每个月，Stitch Fix 会给消费者寄出一个盒子，盒子里是他们认为最适合该消费者的 5 件衣服，其中有 30%是独家款。消费者收到盒子之后，可以在家里试穿，并根据喜好留下全部或者部分的衣服，将不喜欢的衣服退给 Stitch Fix。

　　Stitch Fix 并没有进行生产和设计，也没有在使服装更时尚、更高档这个持续性创新的道路上前行，而是找到了一个消费者尚未被满足的需求，让消费者更便捷、更简单地获得个性化的服饰。

2. 服装行业的 Stitch Fix 的运算数据与算法

Stitch Fix 使用 50 种不同的算法来运行日常业务。除了用于挑选衣服的公式，它还有专门的算法负责将每个消费者分配给 3000 个设计师中的一个。其技术系统可以找出消费者的衣服来自 Stitch Fix 的仓库，确定其样式及每个样式在 Stitch Fix 的储存量，甚至涉及一些定制样件。

随着数据量的日益增多和机器算法的日益强大，可以想象，Stitch Fix 未来的推荐成功率将稳步提升，而这又将使 Stitch Fix 设计出更多人们喜欢的好服装。

3. 人工智能客户价值的创新

当 Stitch Fix 运用算法精准地向消费者推荐他们喜爱的服装时，意味着，Stitch Fix 的算法也能进一步设计出消费者喜爱的服装了。

Stitch Fix 在进行一个名为 Hybrid Design 的新项目时，真正开始利用算法能力设计新的服装款式。Stitch Fix 将每一件服装分解成 30～80 种特性，如颜色、长度、纽扣数量、下摆形状、面料成分、款式、袖口、领型等。该程序还可以基于消费者的档案发现哪些特征最受欢迎，并查看是否有特定服装的重叠。如果没有，则表明这是市场空白，可以把握住以推出合适的款式，这就是 Stitch Fix 赋予 Hybrid Design 这个项目的使命。

到目前为止，Hybrid Design 已经设计了 30 多个款式。Stitch Fix 表示，Hybrid Design 的服装仅占用了公司总库存的 1%，就已表现强劲，没有一件服装是冒险或者超前时尚的，每一件都是适合穿着的，所有认同 Stitch Fix 的消费者都会喜欢。

造型师的专业服务，这曾经只是一小部分明星、名媛才能享受到的，而 Stitch Fix 通过强大的算法，加上大量兼职造型师的参与，把这种高级服务变得更简单、更便宜、更方便，让普通人花 20 美元就可以享受到。

第三章
数字经济对传统零售业的冲击与重塑

第一节　数字经济对传统零售业的冲击

当前,我国数字经济的发展进入了快车道,数字时代的到来,对传统企业来说,既是挑战,也是机遇。据阿里云研究中心发布的《2019数字化趋势报告》显示,当前数字化的应用领域正从互联网行业向政府、金融、零售、农业等行业深入。其中,零售业等将成为受新技术影响最深的行业领域,在未来3~5年内,零售业数字化程度有望达到70%~80%。

近年来,阿里、苏宁、京东等各大企业争相将线上线下进行融合,布局新零售,线下传统零售商面临较大困境,线下领先企业全面转型,零售业的技术改造和数字化转型在大范围地延伸和发酵。

一、传统零售业的转型与淘汰

中国连锁经营协会发布的《2018零售企业营运资本管理调研报告》显

示,中国实体零售企业面临着收入放缓和成本上升的多重压力,已经进入了微利或者是负利的时代。传统零售业包括百货店、超市、服饰店、家电在内的各个行业明显出现销售下滑、成本费用上升的问题,利润率逐年降低。

苏宁控股集团副董事长孙为民发表公开言论表示,在 2019 年,预计线下零售商还将有一半会遭淘汰。早在 2016 年,中国社科院财经战略研究院、冯氏集团利丰研究中心以及社科文献出版社共同在北京发布《流通蓝皮书:中国商业发展报告》就分析指出,未来 5 年内,中国的商品交易市场有 1/3 将被淘汰,有 1/3 将转型为批零兼有的体验式购物中心,还有 1/3 将成功实现线上与线下对接。

按照现在的发展,超市和电商的结合是不可改变的趋势。单独发展线上或者是线下,都会随着时代的前进而被淘汰,只有把两者相结合,优劣互补,才能实现对整个产业的升级。

二、数字化转型对传统零售业的影响

数字化转型对中国零售业产生了迅速而深远的影响。目前,中国零售业的创新程度和增长速度可以与任何西方经济体相媲美。在消费者购物偏好发生迅速变化的同时,实体购物与数字购物之间的界限也变得模糊起来。

各大电商平台的线下门店落地,与传统零售商联盟化趋势加强,将线上线下资源进一步整合;人工智能、大数据区块链等技术在物流、营销、质量追溯等领域应用日趋深入;电商流量加速分化,拼购模式、小程序电商、内容电商等新模式交易规模呈指数增长。

作为智慧零售的代表,例如,苏宁不断积累全品类、全渠道、全客群的数据,加上长期以来的科技投入,让苏宁创造出一套成熟的大数据应用技术来提升商品流通的每一个环节。此前,苏宁与美的联合定制的全自动变频滚筒洗衣机、联合海尔研发的全球首款 T 门全空间保鲜冰箱等都是基于用户

数据进行设计调整，成为家电市场的热销款。通过大数据驱动，苏宁 C2B、C2M 定制产品，精准定位市场需求，极大降低了生产成本，推动制造业不断智慧高效发展。另外，苏宁在 2018 年实现了全渠道销售同比增长 38%，线上销售增长 70% 整体增速，是全国零售业平均增速的 4 倍。

此外，永辉作为中国传统连锁超市中第一个进入智慧零售的企业，在线上线下融合的全新零售场景中不断创新和尝试，不仅抢先推出扫码购、小程序等新应用和技术，而且构建了云计算中心，被业界视为商超智慧零售的标杆。

三、传统零售业向数字经济转型面临的挑战

在零售企业向数字化转型的过程中，面临着三大挑战：一是场景触点多元化，如何获取流量并高效转化；二是全链管控数字化，如何沉淀分析数据以驱动经营决策；三是数据复杂多样化，如何统一标准，提高对接效率。

在"互联网＋"时代，大数据已经无所不在，各行各业的大数据应用已经逐渐成熟，但大部分应用仍局限于线上数据。线上大数据竞争白热化，但线下数据却还是一片蓝海，线下大数据仍存在很大的挖掘价值。如今，数据是零售企业经营时最为核心的生产资料之一，但商家一直未能充分释放数据能力，主要面临数据来源多元、数据资产分散、数据无法全盘掌控、分析缺少关联性、转化链路不明确、实际经营难激活等问题。

在数字经济时代，所有行业都不能止步不前，唯有转型，拥抱变化，才能继续发展。在漫长的数字化过程中，绝大多数企业处于数字化转型的探索阶段，通过数字化技术进行数据采集，但距离深度数据探索分析、数据驱动业务运营决策还有相当长的路要走。

商业操作系统，需要帮助企业在包括品牌、商品、销售、营销、渠道、制造、服务、金融、物流供应链、组织、信息管理系统等大商业要素上，实现在线

化和数字化,进行全面改革,让这些要素能够在线化,进而全面数据化。通过数据能够实现对消费者和市场的洞察,对人和货场的洞察。上述要素发挥威力,最终需要靠技术和计算力。

第二节　数字经济加快促进实体经济数字化转型

一、数字农业的转型

农业是最古老的行业之一,生产方式缺乏先进性,亟需抓住数字技术革命,加快促进现代农业发展。

(一)数字农业的发展情况

(1)农业智能装备、无人遥感飞机等装备的应用实现了农业智能监测、智能喷洒、智能施肥和智能勘察。我国已成功地将现代电子技术、控制技术、传感器技术、农机工程装备技术集成应用于精准农业智能装备中。在农业生产中经常应用的典型智能装备技术主要有自动导航技术、播种监控技术、土地精细平整技术、智能产量监测技术、变量施肥技术和农药变量喷洒技术。此外,无人机的应用也逐渐由军事领域转入农业领域。当前在我国,除了传统的航空植保农药喷洒之外,无人机在土地确权、标准农田管理、航空植保和农田测损方面的应用越来越广泛。

(2)农产品质量安全追溯科学标准化。农产品质量安全已成为政府关心、消费者关注的热点问题。我国从 2005 年开始开展农产品质量可追溯制度建设,首先在北京、江苏、陕西、福建、天津、浙江等省市启动试点工作,在建立产地编码、生产基地档案、规范包装标识等方面做了大量工作,打造了全过程质量追溯系统,联合原料基地、物流基地、销售终端共同建立了农产品产前、产中、产后相配套的技术标准体系。近年来,自动识别技术、传感器技术、移动通信技术、智能决策技术和物联网技术等的不断发展,为构建集全面感知、实时传输、智能决策为一体的农产品及食品全供应链追溯系统奠定了基础。目前,不仅实现了全产业链产前、产中、产后的全程追溯,实现了有机生产的产前提示、产中预警和产后检测,还实现了不同农产品基于蔬菜瓜果、畜禽和水产等农产品特性的追溯关键技术,做到了"环境有监测、生产有标准、操作有规程、产品有检测、应急有预案、品牌有诚信"的科学、安全生产。

(3)农村电商渐成燎原之势。2015 年,以阿里巴巴、京东、苏宁为首的电商巨头在全国范围内铺开农村网点,开始在农村市场扎根,这一年被称为"农村电商元年"。2016 年,全国农村网络零售额 8 945.4 亿元,约占全国网络零售额的 17.4%,其中实物型网络零售额 5 792.4 亿元、服务型网络零售额 3 153 亿元。全年农村网络零售额季度环比增速均高于城市。农村电商的发展进入了新阶段,电商与快递企业在农村市场开始了更有深度的布局。

2016 年 3 月,京东宣布京东家电将以加盟模式布局农村市场,开设实体专卖店,将在全国镇级市场召集约 1 万个"京东家电专卖店"加盟商,至 2017 年开设 2 万家,覆盖 40 万个行政村。同时,阿里巴巴与顺丰、"三通一达"等快递企业共同成立的社会化协同物流平台——菜鸟网络宣布将联合物流合作伙伴组成菜鸟联盟,而菜鸟联盟在"村淘"计划中的作用尤为突出。县级以下是我国物流体系的短板,菜鸟联盟的任务就是选择物流企业,搭建物流网络,打通农村物流的"最后一公里"。

苏宁的行动紧随其后。2016 年 5 月,苏宁宣布其发展"销售、纳税、就业、服务、造富"在当地的"五当模式",目标是希望打造农村经济发展的电商生态圈,助推各地形成农业产业化、农产品品牌化和人才专业化的"三化模式"。2018 年,全国农村网络零售额达到 1.37 万亿元,同比增长 30.4%;全国农产品网络零售额达到 2305 亿元,同比增长 33.8%。农村电商迅猛发展,开辟农产品上行新通道。同时，随着相关政策不断出台，阿里、京东、拼多多等电商平台与农村的互动越发良性化，农村电商在兴乡富民过程中扮演越来越重要的角色。

农村各类经济主体与大型电商企业协调发展的格局初步形成，为农村特别是贫困地区的经济发展、增加农民收入和改善人民生活发挥着积极作用。

(4)农村金融需求大。农民除了渴望便捷的基础金融服务外，还迫切地希望解决在发展产业时缺乏资金、技术、能力等难题。为了让各类客户特别是贫困农民贷款进得来、贷得到、办得快、还得起，2014 年中央一号文件提出加快农村金融制度创新，将其作为全面深化农村改革的一项重要任务进行部署，明确提出强化金融机构服务职责，发展新型农村合作金融组织，加大农业保险支持力度。

目前，针对农村的金融模式相继涌现。邮政银行自 2007 年正式挂牌以来，搭建"银政、银担、银保、银企、银协"合作平台，破解贷款难、贷款贵的难题。同时，采用因地制宜的创新抵、质押担保方式，先后将大型农机具、大额农业订单、涉农直补资金、土地流转收益等纳入抵、质押物范围，形成了农户贷款、新型农业经营主体贷款、涉农商户贷款、县域涉农小微企业贷款和农业领先企业贷款等多条产品线。

除了邮政银行，还诞生了其他一些提供定向金融服务的企业。这些企业多年来深深植根于农村生产、流通、消费领域，积累了海量的农户交易数据，这些数据如今变成了企业重要的资产——大数据资源。凭借大数据对农户信用的判断能力，这些大型涉农企业纷纷涉足农村互联网金融业务，为农户提供信用贷款，如：大北农的农银贷、农富贷等产品，村村乐的村村贷、村村融等产品。这些平台为千家万户的农民搭建了对接市场的大通道，解决他们在生产后连通市场的难题。

(二) 数字农业的发展趋势

1. 由单一数字农业技术向数字集成化、高度自动化方向发展

数字农业成为转变农业发展方式的重要手段,由现在的单一数字农业技术向数字集成化、高度自动化方向发展。数据分析、处理能力是数字农业发展的核心,研究农业大数据智能学习和分析模型系统是未来数字农业发展的关键之一,应利用人工智能、数据挖掘、机器学习、数学建模等技术,解决我国当前数字农业领域需要解决的实际问题,并最终形成数字集成化、高度自动化的数字农业决策系统。

2. 由农业服务方式单一化向数字农业服务定制化方向发展

数字农业技术的研发、应用和推广的最终目的是服务广大农业生产经营主体,因此,数字农业服务定制化是未来数字农业的发展趋势之一。以农业生产经营主体的需求为切入点,不断完善数字农业平台的服务功能,制作订单式的农业农村数字服务模式,为农户量身定制符合实际需求的服务套餐,推进农业服务方式的便捷化、个性化和互动化。

3. 由信息资源分散化向农业数据资源共享协作化方向发展

农业大数据是数字农业发展的基础,借鉴国外数字农业的发展轨迹,农业数据资源共享协作化发展是未来数字农业的发展趋势之一。创新数字农业收集、加工、处理、共享协作机制,把各涉农机构的信息资源进行有机整合,统一规划、统一制定标准、统一规范,逐步形成公开、共享、流动、畅通的数字农业资源体系,为农业生产经营主体提供更加权威、准确、丰富的服务。

二、网络零售的转型

(一) 网络零售发展迅速

早在 1995 年,美国的亚马逊和 eBay 就已上线,欧洲的奥托(Otto)和雅高(Argos)等零售商也于同年开始涉足网络零售。而我国最早的一批电商

(当当网、8848、易趣网等)均诞生于 1999 年,晚于欧美发达国家。我国两大领先电商——淘宝和京东商城的成立时间则更晚,分别是在 2003 年和 2004 年。

尽管起步较晚,但我国的网络零售发展得很快,并后来居上。目前,我国拥有世界上数量最多的网民,网络零售额在 2013 年首次超越美国,位居世界第一。根据国家统计局的数据,2016 年,我国网上商品零售额达 4.2 万亿元,增长 25.6%,占社会消费品零售总额的 12.6%。2019 年全国网上零售额达到 10.63 万亿元。

(二)互联网促进流通体系发展

互联网是一种先进的生产力,通过赋能零售业,可以极大地降低流通成本,提高经济运行的效率。

1. 网络零售具有更低的运营成本

相较于实体零售商,网络零售商的运营成本更低。互联网是降低零售企业运营成本的关键元素,综合运营费用率高低的基本规律是:纯电商＜以线下为主的零售商＜线下零售商。从其他年份的分析中也得出类似的结论,网络零售的成本优势较为明显。这些节省下来的成本可让利给上游供应商和下游消费者,促进产业链的共同繁荣。

2. 网络零售具有更高的运行效率

对零售企业来说,库存周转天数和账期是衡量企业运行效率最重要的两个指标。网络零售商在这两个指标上的表现均远远超过线下实体店。

3. 网络零售具有线下实体店铺难以比拟的优势

除了成本更低、效率更高外,网络零售还具有一些独特的优势,体现在以下三个方面:

一是网络零售有利于全国统一市场的形成。受到体制性和地区保护主义等的制约,我国的线下零售商一般是区域性的,鲜有业务范围覆盖全国的零售商。

二是网络零售具有无限大的"货柜",具有海量的可售商品数量。网络零售商的库存量单位(SKU)可达千万,甚至上亿规模,这是任何一家实体商店都难以企及的。因此,网络零售商可以在更大的范围内满足人们的需求。

三是,网络零售商的房租成本更低。实体店铺的基本逻辑是在人流大的地段开设门店,这样有利于提升销量,但繁华地段的房租成本较高,还会面临交通拥堵等问题。网络零售商没有实体店铺,一般是在郊区建设大型仓库,租房成本更低。

(三) 拥有大量的自然人网店

商对客(B2C)是国际网络零售的发展主流。由于我国的零售主体发展不充分,长期以来 C2C(客对客)占据网络购物市场的大部分份额。随着人们生活水平的提高,消费升级提速,消费者开始由关注价格到更加注重品质,更加注重用户体验,B2C 获得了快速增长。

自然人网店可不经工商登记,在网络零售发展的初级阶段发挥了积极作用。经过多年的发展,我国网络零售的发展形势和条件都发生了较大变化,已由市场培育期进入规范发展的新阶段。商事制度改革专门针对网络经营放宽了经营场所的限制,注册资本也由实缴改为认缴,且省去了验资费用,网店注册更加便利,自然人网店放水养鱼、培育市场的历史使命已经完成。同时,大量企业化运作、但以自然人名义从事网络零售业务的网店,并不承担纳税义务和企业责任,造成了不公平的市场环境。

面对新形势,着眼长远发展,立足于构建公平竞争的网络市场环境,线上线下规则应当平等,网店无须办照的特殊规定不宜长期延续。建议合理设立工商注册的门槛,对未达到门槛的小卖家可暂不进行工商注册,对达到门槛的卖家必须按要求进行工商注册。

(四) 网络零售发展的转型方向

通过对传统流通体系的改造,网络零售实现了快速发展。未来,网络零售将进一步突破线上和线下之分,突破时空的制约,从而实现更大的发展。

1. O2O促进线上线下深度融合,推动流通体系转型升级

我国传统零售业走的基本是线上和线下相割裂的路径,纯电商和实体零售是两条平行线。电商和实体店有着各自的优势和不足,两者只有紧密结合才能更好地为消费者服务。在O2O模式下,网络零售可以充分利用传统零售给消费者带来的体验感和品质服务方面的保障,提高自身对于流量的吸引力。同时,传统零售也可以充分借助网络零售的大数据优势,实现精准营销,为消费者提供更加便捷的服务,解决用户停车、排队埋单等困扰。这种模式通过整合线上线下的资源,实现了线上线下协同发展,优势互补,为用户提供了更好的购物体验,适应了消费需求的变化。

2. 生鲜电商成为重点发展品类

网络零售的品类发展基本遵循了由标准化商品向非标准化商品的发展路径。在网络零售领域,图书是最标准化的商品,早期的电商多以图书起步,如亚马逊、当当等。当前,图书、手机、电脑、家电、干货食品、酒水、日化、服装等比较标准化的商品,其网络零售的程度较高。那些非标准化的、个性化的商品还具有较大的空间。生鲜产品的标准化程度低,流通损耗大,对团队选品和配送能力有非常高的要求,是未被有效互联网化的领域之一。生鲜同时是高频刚需产品,这决定了生鲜电商具有非常好的发展前景。经过多年的市场培育,生鲜电商快速发展的外部条件日益齐备。电商开始纷纷发力生鲜市场,基于供应链的模式创新层出不穷,生鲜电商迎来了爆发期。

为适应生鲜这种特殊商品,电商在运营上均做了很多改变,如布局冷链、提高配送速度等,但总体而言仍是以传统商品销售的方式来做生鲜的生意。随着移动互联网的快速发展,一种崭新的生鲜电商模式开始出现并取得了成效。这种模式最明显的特征是极速送达,即把传统商品当日送达、次日送达的配送速度提高到1~2小时送达。

极速送达的背后有轻重之分。轻资产模式基于线下实体店的已有库存,为周边的消费者提供生鲜产品的快速配送,是一种代购服务,以互联网和京东到家为代表。重资产模式深耕产业链,通过产地直采、严格品控、自建冷链等手段,全程掌控生鲜的流通过程,保证良好的品质和用户体验,以每日优鲜为代表。

3. 农村电商助力精准扶贫

农村电商在扶贫减困过程中发挥着越来越重要的作用。贫困地区的农民依托农村特有的资源优势,借助网络零售等工具,快速实现脱贫致富。在全国各地的电商扶贫实践中,探索出许多成功的案例,带动了贫困地区经济的发展,切实提高了贫困群众的生活质量,为其他贫困地区脱贫致富提供了宝贵的经验。

4. 微商、网红等社交电商蓬勃发展

社交电商的优势在于可以及时了解用户的需求,实现精准营销,从而实现较高的流量转化率。由于买卖双方存在社交关系,消费者的黏性和忠诚度大大提高,产品的复购率也相应提高。社交电商的出现,使得购物趋向场景化,在与人社交、娱乐的互动中产生需求、解决需求,极大地提高了用户购物的体验感,更好地适应了消费者消费观念的变化。

社交电商的典型代表是微商和网红,分别代表了目前社交电商的两种发展方向。微商大多是建立在强关系的基础上,其社交关系多是线下关系的线上化,也就是所谓的"熟人经济",用户之间的联系比较密切,黏性比较强;网红则代表了一种弱关系,网红与粉丝之间是开放、交互的关系,在去中心化的信息传播过程中,网红凭借自身特点吸引粉丝、沉淀粉丝,从而积攒流量。这两种经济模式都是依靠社交关系创造流量,之后再将流量导流到电商,从而完成变现。

5. 科技物流引领电商物流变革

技术不断推动物流领域的革命。当前,以人工智能技术为代表的高科技正在引领物流领域的变革。机器人技术正在改变仓储这个劳动密集型行业,亚马逊走在了应用的前列;在配送环节,无人机是最具应用前景的技术。

第三节 数字经济促进新实体经济发展创新

一、数字经济:新实体经济的发展创新

关于数字经济的讨论中,常常出现的是,数字经济是否"实体经济"? 尽管数字经济中的数字容易使人联想到"虚拟经济",但如果人们从电力、IT 技术的角度来理解数字经济,会发现,"数字"代表的是数字技术,是通用技术,并非虚拟经济,数字经济其实是新实体经济。

在工业经济时代,随着电力的出现,一方面,基于电力的新的经济形式出现,工业生产方式和家庭生活方式都出现了重大的变革;另一方面,传统农业经济部门也逐步引入了新的电力技术和基于电力的其他工具,从而提高了农业部门的生产率,支撑了农业劳动力向工业的转型,也推动了城市化的进程。与电力作用于工业经济时代类似,在数字经济时代,数字技术既会带来新的经济形态、新的财富生产方式,产生新的业态,又将为传统实体经济提供新的基础性技术,这些基础性技术将帮助传统实体经济提高效率、转变结构、优化资源配置,进一步推动劳动力向生产率更高的部门转移。

我国对数字经济相当重视。首先,数字经济是新的生产力、新的实体经济,是经济增长新的动能,将为中国经济提供新的增长方向;其次,数字经济能够推动经济结构优化调整,为中国实现转型升级、提高生产率做出贡献。

典型的数字经济在新增消费、创造就业、普惠金融、激活生产力、重建信用体系方面都做出了重要贡献:在新增消费方面,网络零售创造 39%的新增消费,由此释放了很多中小城市的消费潜力;在创造就业方面,以阿里巴巴

为例,其零售商业生态创造的就业机会超过 1 500 万;在普惠金融方面,以蚂蚁微贷为例,其累计服务小微企业超过 2 000 万家;上述各项活动也激活了生产力,推动了"互联网+"各行各业、表现为环节的互联网化;数字经济也帮助重建了信用体系,新的基于交易的信用体系,实现了网络信用服务的创新,创建了新型开放有效的信用评价体系,让每个人拥有信用分,让信用等于财富。

二、数字经济:新智能经济的发展创新

新技术革命的出现,对于经济活动的影响可以分为两部分:一部分是新的技术帮助提升原有产业的生产效率,使得原有经济中存量部分继续增长;另一部分是新的技术将产生新的经济形态,引发新的需求、新的产品和服务、新的商业模式和组织形式,这也意味着经济活动新的增量部分。如果说数字经济作为新实体经济,更加强调的是原有经济部门效率的提升,那么,数字经济作为新智能经济,则意味着经济活动中新的增量。

所谓新智能经济,是指人工智能技术在整个经济活动中得到广泛应用的经济形态。

2017 年我国政府工作报告提出要"全面实施战略性新兴产业发展规划,加快新材料、新能源、人工智能、集成电路、生物制药、第五代移动通信等技术研发和转化",这是"人工智能"这一词语首次出现在官方文件中。

在 2017 年中国(深圳)工厂领袖峰会上,各大互联网公司负责人纷纷强调人工智能。人工智能不是互联网的第三个阶段,它是堪比工业革命的一个新的技术革命。人工智能是一个非常大的产业,会持续很长时间,未来20~50 年将是一个快速发展的人工智能的时期。在这种背景下,未来人和物、人和工具之间交流的方式,不是人去学习工具怎么使用,而应该是机器、工具去学习人的意图。以后人和机的对话以及人和物的对话就会成为自然

语言的对话,这是未来几十年可能代表人工智能发展的一个最大的方向。

　　未来人工智能将像水和电一样无所不在,可以进入教育、医疗、金融、交通、智慧城市等几乎所有行业,一个全新的"人工智能＋"时代的到来。2016年是人工智能元年,2017年则是人工智能应用年。要让机器做人做不好的事情;过去人类把人变成机器,未来100年将会把机器变成人。

　　真正做的应该是让机器成为人最好的搭档,而不是对手。这样才能让机器成为人的合伙人,而不是人被机器取代。可以说,数字经济的第二部分,即新智能经济的部分,将在经济活动中发挥越来越重要的作用,引领新的经济时代的到来!

第四章
数字经济发展中零售企业的转型

第一节 数字经济发展面临的问题及建议

一、数字经济发展面临的问题

根据国外经验和我国实践,数字经济发展过程中主要应该关注以下可能的问题和风险。

(一) 数字鸿沟与数据质量问题

数字鸿沟既包括基础设施接入层面的鸿沟,也包括数字素养层面的鸿沟。在接入层面,至今全球仍有 40 亿人不能上网,尽管这 40 亿人大部分位于发展中国家,但欧美等发达国家也没有完全克服数字鸿沟问题。在数字素养层面,各国普遍存在数字技能不足的情况。近年来,尽管我国网络普及率在不断提高,网民数量在不断增加,但城乡之间、东西部之间的数字鸿沟却在不断扩大。

数据质量也是一个重要问题。数据与人员、技术以及资本处于同等重要的地位,成为很多公司、国家的核心资产、战略性资产。所以,很多国家都在推动数据开放,并带动了很多企业发展。但是,很多公开数据存在标准不统一、影响使用效率的问题。世界银行在对低收入和中等收入国家的数据型企业进行调查的过程中发现,数据质量是第一大问题。数据质量的改善有赖于政府部门发布通用标准和程序,以提高数据的规范化程度,否则会在数据供给层面形成"数字鸿沟"。

（二）网络与信息安全问题

随着数字经济的发展,有关数字安全的威胁也日益增多,高危漏洞数量有增无减,网络关键基础设施面临危险,金融领域、能源行业成为重灾区。近年来,物联网的快速发展也带来了前所未有的网络安全挑战。物联网是兼软件和硬件于一体的,牵涉的零部件和关联部分较多,无法通过简单的升级、修改、置换等方式应对可能的安全问题,导致保障物联网安全的难度远远大于互联网。尤其是许多智能设备的开发商都是小型创业公司,没有提供复杂安全功能的资源或经验。

国家互联网应急中心对网络安全态势的研究表明,威胁我国网络安全的事件数量也在显著增加,网络安全对抗进一步细化和升级,重大安全事件仍然频发,网络攻击技术也越发先进。除了仿网站、DDOS 攻击等传统威胁数量在继续增加外,移动智能产品也成为网络违法的目标。同时,我国用户对网络安全的投入低于发达国家,这使得我国的网络安全形势更为严峻。

（三）法律规范滞后问题

数字技术和数字经济发展非常快速,各国法律普遍存在滞后现象。例如,数据是数字经济的重要生产要素,但数据的极大丰富已经在一定程度上造成了"数据洪灾泛滥"的现象,给人们带来了极大挑战。比如,在数字知识产权方面,数字科技企业与传统企业态度普遍不一样,各国政策也有差异。一些国家致力于强化知识产权保护,如英国《数字经济 2010》明确对音乐、媒体、游戏等数字内容著作权保护的程序,对互联网提供商的初始通知和报告义务、政府采取技术手段救济和处罚等做了具体规定。同时,也有不少国家和研究机构认为,技术的变革已经打破了传统知识产权的界限,原有的知识产权制度已与数字经济发展脱钩,造就了一个由专利流氓和专利持有人构成的寄生系统,阻碍了创新。又如,在用户隐私保护、"被遗忘权"等方面,各国也未达成共识,这些问题导致目前各国数字经济监管政策不同,传统行业和新兴行业的冲突不时出现。

此外,我国很多相关法律规范需要进一步完善,如我国目前没有制定关于保护个人信息的专门立法,现有立法中对个人信息保护的规定分散在各个法律法规和规章中,缺乏体系化。

（四）就业结构性的变化问题

数字技术对就业结构和就业数量产生较大影响。世界经济论坛估算,当今上小学的孩子有 65% 最终将从事现在还不存在的全新职业。数字技术对就业数量主要存在 4 种可能的影响,即创造新的就业机会、就业转变、就业国际化、就业减少,最终技术对就业总量的影响取决于上述影响的综合结果,同时技术对就业的影响又会波及相应的收入分配情况。

数字技术中对就业影响最大的非人工智能技术莫属。根据 2016 年世界经济论坛的研究显示,提高自动化程度和在劳动力队伍中引入人工智能,将在未来 5 年使 15 个主要经济体失去 710 万个就业岗位,而同期技术进步将仅带来 200 万个新工作岗位。2013 年,牛津大学的 Carl Benedikt Frey 和 Michael Osborne 进行了一次调查研究,其结果后来被人们广泛引用。其研究核查了 702 种职业的计算能力,发现美国 47% 的职业可能被自动化取代;后续的研究指出,英国有 35% 的职业被取代,在日本这个比例是 49%。预计到 2030 年,目前人们所熟知的 90% 的工作都将被智能机器取代。由此,经济学家担心"职业两极化"的风险,即中层技术工作正在消失,而低等和高等工作在扩张。

国家内部不同行业、不同民众间数字能力、数字素养的差异，也会对就业和收入分配产生不同的影响。总的来看，数字素养和数字技能水平较高的个人、企业更容易从数字经济发展中获益，显然只有财务状况较高的个人、企业才更有可能接受数字教育和培训，提高其数字化水平。所以，若只靠市场的力量，原有的贫富差距在数字化时代会进一步扩大。要改变这一局面，政府和社会需要做更多努力。

（五）经济理论与组织管理机制的适用问题

数字经济的发展对原来的经济理论和组织管理制度都提出了挑战。按照现有的国民经济核算方法，非市场性、非营利性活动都无法计入 GDP，且 GDP 核算只关心消费发生额，不关心这些消费是否有效、是否造成了浪费。数字经济中的活动，如分享经济强调的资源分享、节约利用等理念与现有经济理论是不同的，很多分享行为是在买卖双方之间直接进行的，往往也无法被计入 GDP 统计中。

随着这种经济活动的增多，无法用传统的经济核算方法衡量数字经济，制定有针对性的政策。按照市场经济理论，在完全竞争的自由市场上，只要供需双方信息完全透明，就能达成最有利于消费者的均衡价格。但在数字经济条件下，利用公开信息和一定算法，却能实现"非串谋性"操纵，这意味着市场经济的基石——"信息完全性"非但不能增进消费者权益，反而可能损害消费者权益。

数字经济某些活动还可能增加监管执法的难度。比如，通过编写定制算法，可以人为地让价格保持高位，从而操纵市场。一个追踪加油站汽油价格的软件能瞬间监测到某家加油站降价，并采取相应降价行为以避免顾客流失。所以，任何供应商都没有首先降价的动机，从而导致价格一直处于高于合理价格的水平。但是，这种"非串谋性"操纵行为却很难被发现或起诉，这种行为被称为"数字时代的难题"。

从机构自身来说,数字技术的应用带来的数字化转型的进程必然伴随着组织管理的变革。随着数字技术逐步应用到各领域之后,数字化带来的组织管理变革就开启了。尤其是 20 世纪 90 年代以来,西方企业普遍开展了业务流程优化和组织再造业务,不断推动 IT 与运营技术(OT)融合。顺应这一趋势,斯坦福大学等知名学府的工商管理课题也开设了数据引发的商务智能、数字主导型决策以及数字化竞争等课程,为毕业生适应数字经济管理的需要做好准备。但是,组织和管理的变革是一个涉及多方面因素的系统工程,不是所有企业都能成功的。

二、发展数字经济的建议

数字经济发展所面临的问题、风险是数字经济推动经济社会转型过程中必然会遇到的,当转型完成后,这些挑战将逐渐减弱甚至消失,原有的经济社会理论、制度、模式逐渐被新的理论、制度、模式所取代,经济社会形态也将呈现新的面貌。在这个过程中,政府、企业和民众各方都要积极参与其中,发挥各自的作用。

第一,围绕数据的有效使用建立系统制度规范。数据是数字经济的核心资产,数据开发利用的各环节、各方面都应有相应的规定,如数据该归谁所有,数据标准是什么,数据如何交易、如何使用、如何管理,数据安全如何保护,等等,以便数据在更大范围、更高水平上被利用。因此,国家应从战略高度重视数据问题,逐步推动数据开放,并制定与数据相关的规章制度。同时,各部门、各企业也应制定各自的数据管理规范,共同提高数据开发利用水平。

第二,逐步完善数字经济法治建设。数字经济创新发展必然导致传统的法律制度、监管方式等难以完全适用。为此,一方面,要不断完善我国的法律体系，增强立法的时代性，如制定数字产权、数字知识产权、数字税收等规范，为数字经济发展提供必要的制度保障；另一方面，也要为数字经济创新留下必要的空间，不能由于监管过严而阻碍了创新。与此同时，人们要借助 G20、APEC、金砖国家组织、上合组织等平台加强与国际组织、外国政府的交流合作，推动制定适应数字经济发展需要的国际贸易、投资、司法规则等，鼓励跨国数字经济健康发展。

第三，全面提高数字经济安全水平。数字经济涉及的领域、层面非常广泛，所以保障数字经济安全是一个难度很大的系统工程。从国际经验来看，发达国家这些年来已经发布了大量的安全战略、关键基础设施保护、个人信息保护、安全信息共享等方面的法律、政策和战略。从我国数字经济发展实际出发，我国政府也应组织国内各方力量不断制定、完善数字经济安全制度，为数字经济发展保驾护航。

第四，及时进行组织管理变革。任何一个机构、一个行业的数字化转型必然需要相应的组织管理变革与之配套，优化业务和运营模型，调整组织架构，形成协同共享的业务系统，以便更灵活地应对用户需求。对我国政府而言，一方面，要结合简政放权，优化政府部门业务流程和组织结构，努力建设数字政府，推动我国电子政务建设由信息型、互动型向业务型、感知型的方向发展；另一方面，要逐步规范各行业的监管政策，打破地方保护主义壁垒，形成统一、畅通的全国大市场，为数字经济的健康发展创造条件。对企业而言，要积极应用两化融合管理体系等工具，实现信息技术应用与企业的组织、管理、流程等相匹配。对于教育机构和个人而言，要及时了解数字化转型过程中组织管理变革的相关知识、理念，并将其运用到具体工作中。

第五，全面提高全民数字素养。民众数字素养水平直接关系到一国的数字鸿沟情况及相应的结构性失业和贫富差距问题，更关系到一国整体的数字经济发展水平。为了提高全民的数字素养水平，一方面，政府要与各方合作,开展面向全民的数字素养教育。比如,欧盟发布了《2015 欧盟数字技能宣言》《欧洲新技能议程——通力合作强化人力资本、就业能力和竞争力》等,为提高欧洲全民数字技能提出了方案;针对下岗失业人员等特定人群,可通过提供相应的数字素养培训和职业技能培训,协助其转岗就业;另一方面,要全面强化学校的数字素养教育,提高学生的数字能力。尤其是针对在校学生,可借鉴国外经验,在中小学甚至幼儿园普遍开设网络和计算机课程,使数字素养成为年轻一代的必备素质,并通过在大学举办竞赛、集训营、校企共建课程等方式培养数字技术高端人才。

第六,鼓励数字经济创新发展和相关理论。数字企业只有不断发展才能给更多民众创造工作机会,带动整体经济繁荣。数字技术日新月异,相应的商业模式、运营模式等变化也非常快。为此,政府要鼓励数字技术研发和数字企业创新创业,并根据数字经济的发展特点,为其创新发展提供制度、政策便利。

与此同时,政府要引导高校教师和科研人员积极开展理论研究,探索解决与数字经济相关的基本经济理论、社会理论和道德、伦理、法律等问题,为整个经济社会的数字化转型提供理论指引。其中,某些基础性、操作性工作可在政府主导下及早进行。例如,针对数字经济衡量的难题,美国商务部推动收集"数字经济规模"的信息,衡量数字消费、数字工作等不同数字活动的发展态势;进行"技术分类",并适时更新该分类框架,发现经济活动的新兴领域;制定衡量新型经济活动的标准,并利用这些标准跟踪相关活动对经济的影响。这些实际上是在为建立适应数字经济发展需要的国民经济分类和GDP 核算体系奠定基础。

促进数字经济健康发展需要做的还有其他很多方面,例如:由基础设施导致的数字鸿沟问题还有赖于"宽带中国"战略和其他信息化战略的实施逐步解决;由数字经济发展导致的结构性失业问题也不仅仅是加强数字素养教育培训就能解决的。

　　总之,数字经济的健康发展是一个较大的社会工程,需要政府、企业、社会组织和民众各方共同努力、相互协作才能实现。在这一过程中,政府要着重为数字经济发展提供良好的制度环境、政策环境,行业组织要推动行业层面的解决方案、标准等的制定;社会组织要承担教育、培训民众的作用;企业要积极向数字化方向转型;个人要努力提高自身数字素养,提高参与数字活动的能力。

第二节　企业如何进行数字化转型

　　在数字时代,所有机构都要积极进行数字化转型,这是从适应到依赖数字技术并逐渐形成数字化思维的过程,是彻底的组织进化,是实现社会治理现代化的重要组成部分。其中,最主要的组织机构是企业。

一、企业数字化转型的背景分析

　　数字技术正在重塑商业世界,新的商业模式和颠覆式创新不断涌现,产业边界日益模糊,外部环境的数字化决定了数字化转型是传统企业的必经之路。

(一)消费市场的变化

　　数字时代,越来越多的商业活动发生在线上。电商平台、社区营销、虚拟商品、在线服务、电子支付、O2O等创新层出不穷,消费者有更多的渠道和方式对比、挑选和购买商品,更加重视消费体验。消费者不再是商品和广告的被动接受者,而是乐于讨论、表达对商品的理解和期望并加入企业商业活动中的主动参与者。商品的生命周期越来越短,市场越来越细分,消费者忠诚度也越来越低。

（二）数字企业的竞争

第一类竞争是传统行业内出现的新一代原生数字企业。例如，数字媒体正在全面颠覆传统的传媒形态。微博、微信等社交网络和今日头条等新闻聚合器不仅改变了新闻的传播方式，也改变了读者对新闻品牌和新闻生产过程的认知。垂直细分类纯数字媒体不需要专门内容分发渠道和读者分析部门，只需要专注做好领域的内容，网络能够让它们的内容直抵感兴趣的读者。阿里巴巴、京东等电商与商场、大型超市等传统零售业直接竞争，优步（Uber）和爱彼迎（Airbnb）给出租车业和酒店业带来了巨大压力。

第二类竞争是数字企业的跨界竞争。谷歌通过"谷歌气球"和"谷歌光纤"进入通信设备制造和互联网接入市场。亚马逊开设实体书店（Amazon Books）和实体便利店（Amazon Go），制作的电影《海边的曼彻斯特》拿下2017年奥斯卡"最佳男主角"和"最佳原创剧本"奖，电影《推销员》获得"最佳外语片"奖。以在线出租DVD（高密度数字视频光盘）起家的Netflix（网飞）目前主营线流媒体和视频点播领域，通过互联网在全球190多个国家和地区为9 300万用户提供电视节目服务；该公司还进入制片领域，制作《纸牌屋》等著名电视剧和纪录片，《白头盔》获得2017年奥斯卡"最佳纪录短片"奖。

（三）传统企业间的数字化转型竞争

传统企业间的数字化转型竞争是转型速度和转型效果的竞争。数字化转型速度快、效果好的传统企业能够更快、更好地适应数字时代，在人才、资本和品牌的竞争中保持优势。例如，英国广播公司（BBC）推动了从内容制作、平台发布到数字品牌塑造、组织管理的全面数字化转型，不断提供符合市场需求的高品质内容和持续改进的用户体验。传统企业的数字化转型竞争也体现在借助数字化技术推动业务转型或业务扩张方面。

二、企业数字化转型的具体内容

企业的数字化转型,包括企业战略、营销、商品、商业模式、管理乃至企业文化和思维方式等整体的数字化转变。

(一)企业战略的数字化转型

数字技术不仅从物质层面,而且从机能层面复制了现实世界;现实世界几乎所有的实体、实体的运行和实体之间的互动都有数字技术的对应。从社会的数字化转型趋势看,数字技术能模拟、重现和参与社会活动,也能使线下的物理社会空间和线上的虚拟空间逐渐融合,实体经济和虚拟经济逐渐融合,协同进化;从组织行为看,人、物、组织之间的信息传递、处理和控制机制也都数字化,并引起组织内外部的互动方式快速调整和更新;从人的认知和行为方式看,无论是客户还是企业成员,工作和生活都越来越习惯数字技术,不再区分传统商品和数字化商品。

企业战略的数字化转型是理解和适应这种变化,采取措施主动学习和应用数字技术,提升效率和推动创新,在变化中更好地识别机会、把握机会和创造价值。例如,市场越来越细分既是企业数字化转型的外部环境,也是数字技术创造的新市场机会。借助数字技术,传统企业能够更好地收集、分析和预测更多客户的个性化需求,基于已有的优势资源和对行业、客户的深刻理解,在全球范围寻找需要的人才、供应商和合作伙伴,重新组织生产和创新,推出更丰富的产品线,精确满足细分客户群(甚至是个人客户)的需求。

企业战略的数字转型不仅仅是制定数据驱动的决策,而且是培养从管理层到普通员工的数字意识和工作习惯、改变原有的流程和组织结构、调整资产组合、支持新的数字业务和商业模式的渐进过程。

(二)营销品牌的数字化转型

数字营销是数字化转型的关键,但部分企业没有制订系统的数字营销战略,部分企业认为数字营销没有达到预期效果。传统企业如何更好地应用数字技术和数字媒体,建设数字品牌,提升用户体验,与客户进行更多、更深入的互动,是营销数字化转型的重要内容。

(1)建设数字品牌。数字品牌是通过数字媒体进行品牌表达的形式。相比传统媒体,数字媒体的内容和形式更丰富,情感表达和互动性更强。通过数字媒体表达的数字品牌更容易被接受,尤其受数字时代年轻人的欢迎。例如,BBC 在 2011 年确立"BBC Online"为唯一数字化服务品牌,所有产品和服务形式都包含在这一品牌之下;又如,博柏利(Burberry)从 2011 年开始在网络上直播时装秀,并逐渐扩展到社交媒体和其他数字媒体上,通过网络改变品牌的营销形象,向更年轻的数字时代消费者靠近。截至 2019 年 12 月 28 日,Burberry 在全球范围内拥有 225 家零售门店、153 家专柜、53 家奥特莱斯店和 44 家特许经营店。

(2)善用社交网络营销。网络社交营销是建立口碑和品牌的有效策略,从全球来看,社交网络营销已经成为更受广告主青睐的营销方式之一。

(3)创意和线上互动是社交网络营销的关键。数字技术为创意提供了无限空间,好创意让人无法抗拒,是信息过剩时代抓住客户注意力的关键。

(4)提升线上—线下的一致性和便利性。传统企业在线下经营的基础上新建线上渠道和接触点,会带来线上—线下体验一致性和便利性的问题,包括:客户感知的线上—线下环境一致性(例如,在线商店与实体店铺的设计风致是否一致)、消费过程的线上—线下无缝衔接(例如,是否可以在线预定后到店消费或者在线付费后到店取货,会员资格和积分等是否通用)、购买到商品的线上—线下一致性(例如,网购商品的内容、功能、包装与实体店铺购买是否一样)、消费后的服务保障是不是一致(例如,线上邮购的产品是否可以去线下实体店铺维修或者退货、享受同样的上门服务,而不是必须原址邮寄回去)。以服装品牌飒拉(Zara)为例,Zara 官网、手机软件(App)和实体店在设计视觉风格、产品分类方式(女装、男装、童装、折扣等)、产品换季节奏、定价上保持一致,在线购买产品可以在任意一家实体店退货。星巴克 App 向会员提供附近门店查询、促销信息、充值和个人账户信息查询等服务,用户在门店消费时可以直接扫描登录首页的二维码支付,节省付费时间。

(5) 提升用户参与度。好的数字营销鼓励人们通过分享想法、共同完善设计、众筹、组建产品讨论组和粉丝社区等形式参与企业的商业活动。例如,景区管理者鼓励游客提交旅行照片用于社交网络推广;眼镜零售商鼓励客户给出评价并贴出模特的照片。

(三) 商品与生产的数字化转型

1. 商品的数字化

商品的数字化是数字技术对商品形态和功能的改变,可以大致分为以下三类:

一是商品数字化转型是产品本身的数字化,例如金融、媒体、出版、教育等行业的产品和服务的数字化。这类数字化转型通常伴随着商业模式创新,比如第三方电子支付、按需购买(例如视频点播、单首购买歌曲而不是按专辑购买、按时间段而不是按使用量购买服务)、在线出版的"免费+广告"模式等。

二是商品数字化转型是围绕数字技术对传统产品进行重大革新。例如奔驰、宝马等汽车企业开发无人驾驶汽车,罗尔斯·罗伊斯开发无人驾驶远洋货轮等。这类数字化转型通常更具颠覆性创新的特点,具有彻底改变客户行为习惯或同类产品使用规则的潜力。

三是商品数字化转型是借助数字技术为商品附加更多功能,这一类数

字化转型常与市场细分和差异化创新密切相关。例如,耐克公司的 Nike＋
系列运动鞋通过内置传感器记录了客户的运动路线、距离、时间数据,并与
App、社交网络、定制化训练项目相连,满足客户从科学锻炼到情感交流的多
种需求。

以上三类数字化转型本身没有优劣之分,传统企业根据行业特点和企
业战略,可能同时进行一类或多类的商品数字化转型。

2. 生产的数字化

传统企业的生产数字化转型主要是指产品生产过程和服务提供过程的
数字化。例如,BBC 内容生产的数字化和数字内容发布的互联网化;阿迪达
斯使用 3D 打印技术生产个人定制跑鞋;移动网络运营商通过全网 IP 化、平
台化、软件定义网络(SDN)等方式和技术持续推进全网数字化转型升级。
传统制造企业能够使用数字技术在完全虚拟的环境中建立模型、验证和仿
真,将包括生产在内的所有前端和后端环节都集成到统一的数据平台,使生
产过程变得柔性、灵活和智能。

(四)商业模式的数字化转型

数字平台或许是数字时代最重要的商业模式创新。2016 年,福布斯全
球上市公司市值排名前 3 名、第 6 名和第 8 名的都是平台公司,分别是苹果、
谷歌母公司、微软、脸书和亚马逊。数字平台颠覆了传统的游戏规则,创造
了一个又一个新型社群市场,原本相互竞争的企业、需求完全不同的消费者
在一夜之间都成了为平台贡献价值的平台参与者。传统企业打造自身的数
字平台是实现商业模式数字化转型、与其他数字平台竞争的重要途径。

1. 数字平台

数字平台是线上技术支持型的双边或多边市场商业模式,帮助两个或
多个有潜在商业关系的平台参与者完成交易。平台获益方式灵活多样,可
以收取交易佣金(例如,滴滴收取固定比例佣金),单方收取服务费(例如,谷

歌搜索引擎广告只向广告方收取费用,流媒体音乐服务平台 Spotif 向高级收费会员提供消除广告和高质量流媒体音乐服务),也可以围绕平台数据提供市场营销、投资咨询和数据交易等服务。平台运营者可以在平台出售自身的产品(例如亚马逊、京东),也可以仅仅提供服务(例如谷歌搜索引擎广告、淘宝)。

　　数字技术支持的网络效应是数字平台价值的来源。数字技术大大降低了平台运营对物理基础设施和有形资产的需求,降低了建设、扩展、维护和升级的难度;数字化的信息、经验和数字系统可以零成本地传递和复制,极大地降低了智力资本和关系资本的扩展成本。数字平台覆盖众多生产者、消费者和第三方,其体量和市场内关系的复杂度远远超过传统商业模式。参与者规模、参与者之间互动数量的线性增长,都会带来平台价值的指数级增长,这就是平台的网络效应。

　　2. 商业模式数字平台转型的意义

　　建设数字平台是传统企业主动适应数字时代的战略型商业模式创新。传统企业的数字平台商业模式基于已有资源、对行业的深刻理解和能力积淀,短期看是企业当前竞争优势的延伸,长期看平台本身将成为企业的竞争优势,传统业务将在数字平台环境下继续存在和发展。

　　建设数字平台商业模式是传统企业与其他数字平台竞争的重要途径。传统企业重视企业内部资源、效率、能力的培养和壁垒建设,同业竞争者、有议价能力的供应商和渠道可能被视为企业的外部负资产。平台商业模式关注的是平台参与者和参与度的规模效应。不论同行业竞争者还是有议价能力的供应商,只要在平台上从事商业活动的参与者都是平台的资产,参与者的平台活动数据也是平台的资产,都在为平台贡献价值。换言之,传统的产品运营与数字平台运营的竞争是个体与生态系统的竞争,只有传统企业也采取平台商业模式,才能够在对等的维度上与其他数字平台展开竞争。

3. 数字平台商业模式的类型

从服务对象和经营范围看,传统企业的数字平台商业模式可以大致分为以下四大类:

(1)简单的线上业务扩展。企业在自有业务的在线服务系统之上添加支持第三方的新功能,从而形成甲台,实现业务的扩展。例如,招商银行的移动网银 App 提供购买电影票、订餐代金券、生活缴费、挂号就医等生活服务;中国电信基于移动网络和大量的用户资源推出"翼支付",进入移动支付市场。

(2)围绕产品建立细分生态。这类平台关注为使用产品的用户提供更多的价值。例如,耐克在 2006 年推出"Nike+",2014 年耐克成立 Fuel Lab 实验室,与美国第二大孵化器 Tech Stars 合作推出了 Nike+Accelerator 项目,将 Nike Fuel 的平台开放给第三方开发者,鼓励第三方开发者利用"Nike+"平台开发创新的运动健康应用。"Nike+"吸引消费者不断上传个人的身体、运动和社交账户数据,进一步挖掘人群运动模式、偏好接受的营销方式等信息。经过多年发展,"Nike+"已经成为全球运动爱好者社区,为耐克可穿戴运动设备的成功发挥了较大作用。紧跟耐克之后,阿迪达斯和亚瑟士也建设了各具特色的运动社区,为用户提供更多服务,在平台层面与耐克展开竞争。这类具有显著品牌特色的社区平台对营销、产品创新和提高用户黏性具有较大作用。

(3)基于自身的优势资源,抓住产业机会定义和培育一个新的生态,寻求先发优势。这类平台关注整个新兴业态的成长,容易形成赢家平台市场格局。例如,美国通用电气公司(General Electric,GE),创立于 1892 年,又称奇异公司。GE 宣布开放工业互联网软件平台 Predk,并于两年后向所有工业互联网应用开发者开放了 Predix。为了建设更好的生态系统,GE 与思科合作,推出了支持 Predix 的工业级路由器;与英特尔公司合作开发了使用英特尔处理器的嵌入式智能联网接口参考架构；与软银、威瑞森电信（Verizon）电话公司、沃达丰等合作开发面向工业互联网的连接方案。

全面开放后的 Predix 相当于工业互联网版的安卓系统，为工业应用开发提供良好的平台环境，同时支持 GE 和非 GE 设备。目前，GE 和其他开发者共为 Predix 开发了数十款应用，而且 GE 的大多数部门也已经在使用 Predix。未来，GE 公司还将向第三方开发者开放 Predix 平台上的数据，希望吸引更多的开发者和企业使用 Predix 开发的应用，扩大工业互联网生态系统，复制安卓系统在消费电子领域的成功。类似的工业互联网开放平台还有西门子的"Mindsphere 开放工业云"和我国航天科工集团的"航天云网"平台。虽然三者都还处在发展初期，但瞄准的是同一个市场，随着各自的成熟，很快将会展开直接竞争。

（4）通过平台—平台合作，扩大网络效应。这类合作通常发生在业务互补的平台之间，为平台参与者提供更多的商业机会和更好的服务。

以上平台商业模式之间没有优劣之分，传统企业可以根据需要采取单平台策略，也可以采取多平台运营策略，或者通过投资或收购的方式实现商业模式的数字平台转型。

（五）运营管理的数字化转型

数字技术推动传统企业从流程驱动、中心控制的组织形式变成共享平台、高度去中心化的新型组织，改变了企业运营生产的整个过程。传统企业的数字化转型涉及各个方面的问题，这里从战略、组织结构、管理平台和人才四个方面进行探讨。

1. 强化数字化转型的战略地位

数字化转型要有强有力的领导。传统企业的数字化转型是企业的功能、结构和运行机制不断改变的过程，是企业文化和员工的思维、工作习惯逐渐数字化的过程，必然会遇到种种阻力。为解决转型中组织的阻力甚至是冲突,传统企业需要从战略层面确立明确表达的数字化转型战略和阶段目标,制订详细计划,设置数字化转型的关键负责人,保证愿景自上而下地传达,形成组织认同,并向组织外部传递明确的数字化转型预期。

2. 调整组织结构

组织结构服从组织战略。传统企业需要调整当前的组织结构以更好地应用数字技术和适应数字化转型的需求。比较常见的做法是设立新部门或新职位,整合与数字化相关的业务或职能工作,专门负责企业的数字化转型工作。有的企业还需要一些层级不高但是具有重要作用的新部门,比如专业的数字分析部门、网络安全部门等。比如,BBC在"财务与运营部"下成立了"数字工程部",负责企业硬件类的数字化基础设施建设。

3. 建设统一的数字平台

统一的数字平台适应未来共享平台、去中心化领导的组织结构发展方向,对于大型企业尤其适用。企业能够将业务系统和职能系统迁移到该平台,实现实时的数据分析和灵活的业务流程优化,承担更多的日常工作,大幅提高运营效率,解放更多的时间和智力资源用于战略性优先工作,提升企业响应速度和加速创新。同时,数字平台能够充分发挥数字技术灵活、弹性、可试错和快速迭代的特点,配合业务创新、组织结构调整、工作流程变革和人员数字技能培训等工作节奏,更顺畅地帮助企业完成数字化转型。例如,BBC的数字化转型建设了一个统一的数字平台,同时支持内容的制作生产、内容发布和企业内部管理,便利跨部门的沟通和协作。

4. 培养、寻找和留住数字人才

随着商业活动数字化程度的不断提高,数据人才不足的问题越来越突出,数据分析师、数据科学家、人机交互工程师等专业人才非常缺乏。除加大内部培养力度外,传统企业可以从外部招聘人才,根据工作岗位和人才的特点调整企业的业务流程、考核机制和薪酬体系,制订合理的任务目标,提供合适的工作工具和工作环境,并对企业文化做出适度调整。例如,为数字人才设计专门的晋升通道、采用弹性工作制、弱化或取消数字部门的着装要求等。

三、企业数字化转型导致的问题

(一)隐私、知识产权保护等问题

数字技术的大范围使用在提高效率和促进创新的同时,也带来了隐私保护、知识产权侵权、网络安全、劳动保障等问题。法律和监管又常常滞后于问题的大规模出现。传统企业的数字化转型需要提前考虑这些问题并制订相应的策略。例如,制订严格的隐私保护用户使用条款和服务规则,采用高级别的安全策略和安全技术,制订商户信用审查、奖惩和用户保障措施,以保护用户利益,积极与监管者合作以规避监管风险。

(二)决策过度依赖数据

数据驱动的决策过程可能带来对数据的过度依赖,导致管理者决策失误。"颠覆性技术"理念认为数据只能让人们看到过去的表象,从数据收集到分析和解读,每一步都在损失大量的信息,数据无法看到未来,并不适用于最重要的事情;相反,企业管理者对产品、服务、客户的经验和模糊知识,与客户(尤其是重要客户)的直接沟通、亲身体验产品和观察消费场景以及多年形成的常识和直觉,对于重大决策依然具有极为重要的作用。

(三)社会责任

数字时代,企业的商业活动与个人生活更加紧密地缠绕在一起,企业在承担更多社会职能的同时,实际上也正在货币化这些社会职能。在财富和社会权利的再分配过程中,无论是原生数字企业还是处于转型中的传统企业,都需要承担起更多的社会责任。比如,对于网络社区内的人身攻击、语言暴力等言论的主动管理,利用大数据技术发现和下架仿冒产品、提醒用户

某些网站的潜在危险性,建设和维护公共网络空间,研发和提供无障碍数字工具,以及利用技术和数据优势从事其他社会公益事业。

第三节 新零售商业创新模式建立与体系构建

一、新零售商业创新模式建立

企业要想从旧的零售模式转型到新零售模式中来,必须建立新零售型的商业模式。这与传统的零售模式有很大的区别。商业模式有一个标准的定义,就是一个企业与它的利益相关者的交易结构。新零售本质上是用互联网数字化技术深入企业的经营管理层面,使渠道、零售终端的销售管理、品牌的打造管理等呈现数字化特征。因此,新零售商业模式的建立不能离开网络化、数字化。

(一)锻造企业新的核心优势

新零售这个名词更贴切的叫法应该是"数字化零售",即把零售环节中的行为、资产、关系、产品等数字化。有了这样的数字化基础后,端对端的零售成为现实,从而改善用户的购物体验,满足用户个性化的需求,这就是新零售的本质。数字化使企业与用户之间可以随时沟通。只有在这种个性化销售中,以用户为中心的构想才有可能实现。因此,在所有企业都进行数字化的时候,以往企业的核心优势就会发生改变。在新零售模式下,如何锻造企业新的核心优势就成为企业首要考虑的事情。

通过对新零售的剖析,可以知道,在新零售模式中,企业的核心竞争优势源于三个方面:技术、数据及场景构建。

1. 技术无论在任何时候都是企业树立竞争优势至关重要的核心因素

人类社会的每次飞跃,其背后多数都是技术在发挥着作用,无论是蒸汽机的发明，还是互联网的出现都是如此。技术对零售而言，是实现效率与管理的保证，通信技术解决了商品信息的即时传输问题；二维码、射频识别（RFID）等自动识别技术很好地解决了商品管理的问题；现代化的物流与仓储技术解决了产品端到端的流通与管理问题；大数据与云计算技术使得商品满足用户的个性化等特色服务成为可能；等等。由此可见，技术是新零售得以实现的基础。

2. 数据的重要性正在变得越来越强

数据是原料，任何企业都离不开数据。每年的"双11"对阿里巴巴而言都是一场数据的盛宴，同时也是阿里巴巴大数据及云计算技术对庞大数据处理能力的一次锤炼，这也是阿里巴巴在新零售领域中的发展前景被看好的重要原因。有了大数据，企业就能够实现构建消费者画像、精准营销、及时有效的库存管理、消费趋势判断等。

3. 消费场景的构建是新零售模式下企业寻求核心竞争优势的一个重要手段

实体零售企业在这个方面具备得天独厚的优势，其完善的购物体验天生就适合搭建购物场景。例如，阿里巴巴与银泰联合推出的零食馆，其目的就是为用户搭建一个零食售卖场景，在这个场景中，用户不再带着强烈目的性，买完就走，商家更希望用户能在店铺内休息片刻，首先可加强用户对场景的黏度，其次可以提升用户在店内消费的可能性。同时，阿里巴巴的大数据会帮助分析所在地消费人群的消费习惯和商品喜好等属性，能够更及时、准确地获取用户信息，从而对门店商品进行调整。另外，网络购物同样能构建出合适的消费场景。当下正大行其道的粉丝经济、网红经济、直播经济及社群经济等，就其本质而言，都可以被看作一种对网络营销场景的成功构建。因此，对于企业来说，试水新零售，必须找到核心优势，而上述三个方面能够为企业建立新零售型模式并获得竞争优势提供一些借鉴的思路。

(二)用户诉求驱动生产端

在新零售时代背景下,由于对用户个性化需求的极致满足成为零售业发展的大趋势,因此在企业生产端的变化无疑是翻天覆地的,用一句话概括就是从原来的供应驱动变为需求驱动。例如,对服装行业的生产商而言,企业未来在服装采购方面将会推进数字化以加速决策,同时减少生产错误,更好地贴合客户的需求。部分服装生产企业的高管希望通过数字化,将采购时间从原来的 6 周缩短至 4 周。

从目前的情况来看,企业在产品生产、订购端加快数字化进程的速度尽管与预期还存在很大的差距,但其对未来的影响程度已经显著。企业最好尽早在产品生命周期管理软件等整合方面投资,以加快供应链条的数字化改造速度。因为像整合产品生命周期管理软件这样的技术管理软件的运用能将生产率提高至当前的 10 倍。例如,PVH 集团就承认正试图通过工艺优化和数字化大幅缩减交货时间。对于采购而言,生产企业的自动化程度仍然是采购方企业的选择之一。一半以上的采购高管表示,预计 2025 年,自动化能力将超越成本考量,成为他们选择采购源的关键因素。与传统的人工生产相比,自动化技术不仅能提高生产速度和效率,还能推动快速增长的"就近采购"趋势,即从距离时装公司总部更近的地区获得服装。

从国外服装行业企业的"生产转型"中,可以感受到用户需求促进了生产转型,同样地,用户需求也在驱动着企业的生产。讲到用户需求驱动生产的话题,就不能不提一个热门的词——顾客对工厂(Customer To Manufactory, C2M)。C2M 是一种新型的电子商务互联网商业模式。C2M 实现了用户与工厂的直连,去除所有中间流通加价环节,连接设计师、制造商,为用户提供顶级品质、平民价格、个性且专属的商品。它颠覆了从工厂到用户的传统零售思维,由用户需求驱动生产制造,通过电子商务平台反向订购,彻底消灭了工厂的库存成本,让用户以超低价格买到超高品质的产品。

在新零售时代,C2M 模式不仅仅是电子商务型商业模式,更是整个零售行业数字化程度加深后需要共同遵循的商业模式。因此,企业想要实现用户诉求驱动生产就必须建立一个 C2M 式的模式。例如,家居企业,实际上就是一个 C2M 定制式的模式。C2M 定制是近年来随着技术发展兴起的新型定制模式,将用户需求直接反馈到工厂,省去所有中间渠道,实现按需求定制生产。其核心是具有移动互联网和大数据思维,以用户为中心、以数字化为基础、以设计为方向。这一模式在家居行业的应用方式是企业利用云设计软件,将设计前置,也就是由用户亲自参与前期的设计阶段,提前看到家的未来模样,并根据需求选择和调整风格,大到整体设计,小到材料的品牌和风格,然后通过系统直接下单给工厂,生产完工后直接配送到用户家中进行安装,形成一个高效定制的家装 C2M 销售模式。

1. 让生产者和用户直接对接

C2M 模式具备信息化、智能化、科技化等特征,让生产者和用户直接对接,迎合用户的个性诉求;同时采用订单式营销方式,实现产品零库存;以标准数字化生产流程保障生产成本最低化和生产周期最短化。例如,红领集团用了 12 年,投入 2.6 亿元,把 3 000 人的服装厂当作实验室,在传统量身定制服装的工艺流程基础上,通过大量的数据采集和软件开发,研制出个性化定制智能平台—RCMTM 红领西服个性化定制平台。红领集团通过这个平台可以实现无须用户试衣,在 7 个工作日之内即可交付用户所需的产品。依靠这套西服定制系统,红领集团在中国服装制造业订单快速下滑、大批品牌服装企业遭遇高库存和零售疲软、连锁实体店大规模关闭的情况下,实现年利润增长超过 150%,年营收超过 20 亿元的业界奇迹。

红领集团开发个性化、定制工业化生产模式,用了 10 多年时间积累产品技术数据,并发明多项技术专利。它在量体、制版和流水线工序分解这三个方面进行了技术创新,将传统服装产业融入信息化、智能化的时代发展轨道,解决了传统服装定制手工量体、手动打版、制作周期长、人工成本高的缺点,使原来"高大上"的服装高级定制,变成普通用户能够消费得起的个性化服装定制服务。红领集团的技术创新有以下特点:

(1)标准化量体,红领集团发明了"三点一线量体法"。使用这套科学、标准的量体方式,即使没有量体经验的新手也可以在 5 分钟内采集到人体 19 个部位的 22 个数据,大大提高了量体的工作效率和准确性。

(2)智能化建模打版系统。红领集团为此开发了 CAD 服装打版软件,可以输入量体数据,结合用户的个性化要求,在积累的 200 多万名用户个性化定制的板型数据中,自动生成最合适的板型。

(3)信息化流水线系统。红领集团将服装生产工艺流程细分到最小环节,根据用户对产品的要求,重组生产工序并输入电子编码,实现流水线上不同数据、不同规格、不同元素的灵活搭配,用工业流水线生产出个性化产品。

有了这些创新技术,配合智能化的生产设备,只要将用户的身体尺寸数据和细节要求输入平台就会自动生成最合适的板型,并进行拆解和个性化裁剪;裁剪后的布料挂上电子标签进入吊挂,便开始在整条流水线上加工。

C2M 模式归根结底就是为用户和制造商牵线,使得用户买到优质产品。C2M 所带来的新商业机会,改变了商业模式,同时企业的运营模式、组织结构也会发生改变。如果从行为方式的角度来看,是企业的经营思想与操作行为都发生了改变。如果把 C2M 拆开解读的话,"C"实际上代表着用户,而"2"代表着数字化的转换,"M"代表数字化的生产。从这个逻辑上来看,从用户端到生产端的全面打通才是 C2M 的精髓所在。

C2M 这种由用户驱动的生产模式解决了零售业和制造业存在的流通和库存问题,降低了很多中间环节的加价成本。如何应用 C2M 模式是企业搭上新零售航船必须解决的一个问题。

2. 通过大数据解读用户需求

从大量的用户数据里挖掘用户需求并不简单，企业必须了解真正的用户需求。通过大数据解读用户需求时，首先，企业要注意判断真需求与假需求；其次，挖掘用户需求时企业应当跳出自己的思维，站在第三者的立场上解读，避免主观臆断。解决了用户需求问题，然后考虑产品的设计与生产问题。其实，产品设计的根本就是用户需求驱动。企业必须依据用户需求驱动做产品设计，当需求驱动成立以后，再根据竞争、内部资源和其他因素的判断做产品决策。

企业在做需求驱动的判断时，需要从需求的全过程进行。需求的全过程可以分为三个部分：需求的目的；需求的过程，如购物，用户需要挑选出购物的网站，之后要搜索，然后比价、支付；最后进入物流环节，整个过程就是用户需求的过程。

产品设计是解决如何满足用户需求的过程，产品的功能分为基础功能和核心功能。基础功能是满足用户的基本需求和需求过程的功能；核心功能是在基础功能上，更好地满足用户真实需求的功能。

3. 功能设计满足用户需求

功能设计是产品满足用户需求的核心；而用户体验设计是软件，保证用户获得愉悦的需求满足。用户体验设计包含的内容很多，如结构设计、交互设计、视觉设计等。用户体验设计的核心思想就是用户视角，一定要以用户为中心，考虑用户使用产品时的感受和体验。一般来说，用户体验设计的核心包括不强迫用户、不要让用户思考、简单易操作、不破坏用户习惯以及超出用户预期等。

既然是用户体验，那么整个用户的购物过程其实也包含在体验之中。在新零售模式中，以用户为中心的购物体验设计与产品体验一样应当被重视。

（三）用户为中心的购物体验设计

在传统电商模式初期，用户更关注商品的性价比，而如今，以消费带体验的传统电商逻辑已经不能满足用户，逐渐被以体验带消费的零售思路取而代之。在这一过程中，用户在心理层面实际上发生了较大的变化，具体有三个方面：用户更加注重品牌的自我表达，大品牌已经不足以成为产品大卖的保证，用户需要足够独特的品牌；用户更加注重生活品质：新生代用户追求生活的品质，也愿意为真正好的产品买单，往往可以接受更高的溢价；用户更加注重时间价值：用户愿意购买时间，投身于自身的业余爱好和其他热爱的活动。

上述这些用户的转变是零售业在设计购物体验时重要的参考因素。企业可以从以下几个角度，设计以用户为中心的购物体验。

1. 多渠道无障碍购物体验

盒马鲜生的"超市＋餐饮＋店仓一体"模式，集购物、餐饮、高效配送于一身，用户可以自由选择到店体验消费，也可以选择线下快速送达。盒马鲜生的这种模式就是新零售多渠道、无障碍购物体验的典型范例。

2. 沉浸式场景体验

沉浸式体验是指用户可以在一个符合故事设定的真实场景中自由行走，犹如身临其境，达到全身心的融入和沉浸，得到多感官的沉浸式审美享受。

例如，群星城定位于"华中首创剧场式生态购物中心"，以"时间消费型"理念和"剧场式"为运营模式，为用户打造了独具特色的绿色生态购物环境。群星城购物中心不仅有博物馆、艺术展，而且有医院、警察局等机构。群星城还加入了一些有特色的新型体验式业态，如巧克力工坊、亲子厨房、咖啡博物馆、巴士餐厅及虚拟超市等，为用户带来了新奇的购物体验。购物中心是都市人在忙碌的工作后，寻找另一种节奏、享受生活的地方，一成不变的建筑形态和装修风格很难让人联想到"体验",所以如何移步易景,营造出舒适、宜人的生活体验感,是购物中心面临的难题。购物中心的建筑面积、装饰、绿化、水景、音响、灯光、标识、互动媒体等,都是营造场景体验视觉效果的重要组成元素,在体验性设计过程中,必须将各种要素整合起来,围绕同一特定的主题共同营造体验性场所。群星城采用了日本一流建筑师团队的"峡谷"主题,以湖北三峡为原型,巧妙地把"森林""峡谷""河流"等自然元素融入建筑,使大型音乐喷泉、多重水景、溪谷动线、四季花园和幻彩灯光表演有机结合,打造出全新的绿色生态型体验式购物环境。

在持续优化购物硬件环境的同时,群星城还全力提升购物软件环境,在不同时间点推出不同的主题包装和企划活动。在群星城,全年365天有上千场精彩的剧场式演出,中央环球剧场每天都有不同主题的表演,如歌舞、杂技、话剧等,使国内、国际艺术日常化。大多用户对新鲜的事物兴趣浓厚,物质满足已经难以让他们感觉"精神愉悦",那么注重"精神"方面的体验就显得尤为重要。

3. 极度便利体验

在消费升级的大环境中,许多用户为了提高供应链效率、使消费场景离用户更近,并且成为零售企业的目标。各色场景在写字楼、社区和街道随处可见:无人货架、无人超市、天猫小店、京东便利店、盒马鲜生、超级物种等大小场景纷纷涌现。无人货架、无人便利店的出现凭借自身的聚客能力将覆盖半径内的订单集约到店,通过 B2B 的物流模式降低成本。用户可以用最小的机动成本到店消费,完成订单,这就是极度便利的购物体验。

4. 精准推送体验

以往零售企业的传统会员管理一般只能记录消费金额、消费频率、姓名、手机号、消费偏好等结构化数据,很难通过这些浅显的维度勾勒精准的用户画像,且大多未能连通线上线下。企业结合全渠道的数字化会员管理,能利用更多维度的数据刻画用户画像。用户的线上线下记录和各种非结构化数据将其审美取向、性格特点和价值观等一一呈现,这些感性维度的标签对用户最终的购买决策有重要的影响。在此基础上进行的精准推送往往能触动用户心弦,不仅不会让用户厌烦,还能获得较高的转化率,在营销上带来体验的提升。

5. 消费信任体验

随着网络社交的兴起,社群这一词汇逐渐火热起来。社群是一个由关系构成的网络,可以是一种特殊的社会关系,包含社群精神或社群情感,它要有社交关系链,基于一个点、需求和爱好将用户聚合在一起。社群发展至今已经具有商业社会所必需的信任,同时社群具备"自迭代"的能力,以信任螺旋的方式累积稀缺的社会资本。个体在连接中创造互动,互动增进信任,信任的增长促进交易的增长,交易反过来又是互动的一种表现形式,由此信任螺旋上升。

新零售的数据手段可以完整地记录、沉淀社群运营过程中积累的"社会资本",进而创造、创新出服务于社群零售的新产品、新服务。云集、拼多多等社群零售平台的出现与成长就印证了这一点,展现出社群数量、交易额增长率、复购率等指标。

新零售时代用户想要通过体验寻找真正适合自己的产品,这也是社会消费升级的一种直接体现,同时对消费者进行了年龄统计,和用户期望与满意的相关性如表4-1和表4-2所示。

表 4-1　年龄统计

		频率	百分比	有效百分比	累积百分比
有效	≤18 周岁	13	8.8	8.8	8.8
	19—30 周岁	57	38.5	38.5	47.3
	31—50 周岁	41	27.7	27.7	75
	≥51 周岁	37	25	25	100
	合计	148	100.0	100.0	

资料来源:问卷调查统计数据。

表 4-2　用户期望与用户满意的相关性

Pearson 相关—标准格式				
	对新技术的期望	对大数据应用的期望	对云计算应用期望	对线上与线下结合期望
总体的满意度	0.419**	0.364**	0.393**	0.317**
用户体验达到目的期望程度	0.209**	0.252**	0.343**	0.351**
是否满足用户消费体验的期望	0.222**	0.291**	0.265**	0.377**
* $p<0.05$ ** $p<0.01$				

资料来源:问卷调查统计结果。

　　通过表 4-1、表 4-2 可以发现年轻人群占比较大。因此,企业必须将新技术、大数据、云计算与线下的体验结合起来才能真正达到提升用户消费体验的目的。

　　新技术往往被企业看作提升用户体验的唯一方法,然而实际上并不是这样。新技术同已经和电商融为一体的互联网一样,只是一个工具而已,只有新体验才是本质。因此,单单依靠智能科技、大数据、云计算等新技术并不能真正改善用户的体验,这些只是打造新体验的工具而已。要想真正提升用户体验还要以用户的切身体验为切入点,参与感才是新型体验的核心。只有这样,用户在体验过程中感受到的不再是一个个独立的工具,而是由这些工具带来的真切的体验感受。

(四)商品品类管理的核心技术

商品是零售的核心,因此,无论零售业的模式如何变化,商品品类管理永远是绕不开的问题。新零售为零售企业带来了全新的挑战,在新零售的商业模式中,商品品类管理是一个重要的组成部分。掌握了商品品类管理的核心技术就意味着企业朝着正规化、科学化、精细化的方向实现了质的转变,更意味着企业已经敲开了新零售的大门。

品类是用户认为相关且可相互替代的一组特殊商品或服务。商品品类管理是基于用户购买行为的、以数据为基础的、以提升零售商品类表现为目的的一系列品类优化活动,它通过向用户提供超值的产品或服务来提高销量。

以大数据为基础,对一个品类做出以用户为中心的决策。在传统品类管理的经营模式中,企业通过掌握用户的购物情况,收集用户对于商品的需求信息并加以分析,再共同制定品类目标,如商品组合、存货管理、新商品开发及促销活动等。在新零售时代,旧的品类管理已经不能适应用户个性化的需求,必须进行改变。如何实施品类管理才能满足新零售形态下的用户需求,可以从以下方面加以实施品。

1. 商品配置管理

商品配置管理是零售企业对经营的各类商品在营业场所内的放置位置,包括在卖场的位置和在货架上的位置以及所占空间方面的管理。零售企业的卖场都存在着不同商品在一定的营业面积内的放置位置和所占空间比例问题，正确合理地配置商品，可以使商品在营业场所内得到全面展现，防止商品种类的缺漏；可以细致准确地管理好不同商品在货架上的位置和所占空间，将利润高、销售好的商品放在最佳的位置并占用合理的空间，防止滞销商品驱逐畅销商品；合理及时地掌握不同商品在货架上的存货数量和补货时间，防止商品脱销。

商品配置管理包含商场整体布局、商品大类分布、商品品项规划、排面层次分配、陈列道具选择、特区专区设计、堆头区域规划、POP 设计布置等方面，是一项复杂烦琐的工作。在新零售店面里，库存的降低使得商品配置管理变得更为重要。为了第一时间吸引用户，企业应当本着重点商品集中优先展示的原则，布局宽松时尚的商品货架。运用各种道具，结合时尚文化及产品定位，运用各种展示技巧将商品最有魅力的一面展现出来，从而提升商品价值。

2. 卖场空间管理

卖场空间管理是在卖场内部确定各种与销售有关的对象的位置，使其满足销售的要求，达到吸引用户注意力的目的。充分利用空间，合理组织用户的流动轨迹与商品配置，避免出现用户只能止步返回的死角，尽可能拉长用户的回游时间和滞留时间以创造销售机会；设计适当的通道宽度，以便用户环顾卖场、观察商品；避免与商品配置流动线交叉。卖场空间管理要兼具实用性、经济性、科学性和艺术性。特别是在艺术性方面，如今的用户对购物体验的要求早已超越从前，因此一个循规蹈矩、缺乏时尚感的卖场是无法带给用户满意的购物体验的。

3. 商品定价策略

价格是构成商业竞争的核心要素之一。在养成了低价购物习惯后，如今的用户虽然表现出了对商品品质的追求，但低价购物的习惯很难马上改变。因此，在商品定价问题上，企业只有将低价策略进行到底，才能在新零售时代赢得先机。追求低价格一直以来是消费者内心深处的需求,也是最真实的需求,无论在何种商业环境中。在电商迅速发展时期,低价竞争就成了商家惯用的手段,各种折扣券、专场会、预购、爆款等形式,均围绕商品价格做文章。另外,追求低价不仅是低收入人群的需求,高收入人群也加入了追求低价的行列,近年来国内兴起的"奥特莱斯热"和很多用户热衷于在国外购物的行为都表明,无论用户的收入多少,追求低价才是真需求。

然而低价并不意味着低品质,信息技术的发展,特别是互联网技术的发展,使用户消费观念出现了较大转变,用户对商品品质的要求越来越高。而用户与生产企业之间的信息透明度也越来越高,产品的品质和用户感受在网络盛行时代变得更加透明、可信。因此,企业应整合资源,降低生产和流通环节,提高效率,真正为用户提供高品质的商品。例如,银泰集团推出的"好东西不贵"的价格策略,就是要将高品质的商品以较低的价格出售,通过与品牌商的战略合作,将好商品提供给用户;美国的梅西百货则通过自采的方式向全球采购"好产品",给用户提供更多的选择。

价格之所以一直是用户购买商品的主要考虑因素,是因为它是衡量商品价值的主要标准。但随着新零售时代的到来,用户的消费观念已经从注重商品性能,转变为注重购物体验,即购物趋向于"高消费价值",而价格只是其因素之一,环境、服务、便利、体验等构成了用户消费决策的关键因素。在新零售环境中,无论是线上电商,还是线下实体店,在转型或升级的过程中,已将这些影响用户决策的要素考虑在内,通过提供"高消费价值"吸引用户。例如,上海大悦城以时尚地标式的姿态、屋顶摩天轮的爱情宣言、街区的场景化布局,吸引了大批年轻时尚的消费群。由此可见,当价格成为促使用户消费的一个而不是唯一一个因素时,企业的定价策略就不应紧紧围绕商品价格,而是要包含所有影响用户消费决策的因素。

4.商品库存管理

(1)引进自动补货系统。设置库存状况的实时查询,直接查询每家店铺具体商品的库存情况,包括店铺库存、实际库存和可用库存,同时汇总所有门店的销售数据,结合各个仓库数据,依据补货逻辑,自动为各个门店补货。

(2)进行精准的数据统计。设置商品销售的实时检测,统计过去一周、一个月、一个季度等不同时间段内每家店铺商品的具体销售数据,为提前准备库存商品做好数据预测。

(3)实现多维度的仓库管理。其中包括:库存同变价调拨、单据明细表、库存综合报表等在内的几十个维度的库存管理;商品在线等状态的管理;商品分类管理、商品权限管理。仓库管理在满足企业个性化操作的同时,要按照产品的数量区分库存,提高效率,根据物品流动速度制订库存计划,杜绝随意储备库存的现象。

这样,企业才能在新零售时代解决库存问题,更好地满足用户需求,减少成本支出。在电子商务盛行之后,线上和线下品类的发展也呈现了不同特点,线上发展得比较成熟的品类,如母婴产品等,线上销量占据整体销量的1/3。除了关注线上布局外,企业还必须关注不同的活动会带来怎样的效果。因此,如何从品类的角度设计线上线下的营销方式,还需要企业根据自身实际情况有针对性地部署。总而言之,品类管理的目标就是把整个品类扩大,同时尽量避免线上和线下两种销售渠道的矛盾。

(五)全数字化运营方法

新零售模式的成立是建立在数字化基础之上的。换言之,数字化才是新零售的核心驱动力。只有拥有了用户数字化、门店数字化、生产数字化、渠道数字化、供应链数字化、营销数字化的条件才能建立新零售模式。以下以良品铺子为例,进行探讨。

通过数字化改造,良品铺子重点打通了五大渠道:一是线下门店,包含良品铺子旗下多家门店;二是本地生活频道,良品铺子与淘点点、京东到家、饿了么、口碑外卖等外卖平台开展合作,并与支付宝、微信、大众点评合作打通线下支付渠道;三是社交电商,包括官方微信、微博、腾讯 QQ 空间、百度贴吧等;四是第三方电商平台,包括天猫、京东等电商平台旗舰店;五是手机 App,手机客户端被良品铺子看作未来最高效的渠道,它能与用户建立实时链接,提供更加精准的服务。

在数据化的驱动下,良品铺子还找到了一个全渠道模式的独特功能——通和同。通,即打通各个渠道,用户在不同平台上的身份、权益,如折扣、会员等级、爱好、订单等在全渠道共享,这使得用户信息能够全面准确地传递到良品铺子的信息平台里;同,则是指用户在各个渠道中享用产品和服务的时候要获得一致的购物体验。通和同的问题真正被解决后可以给所有的零售企业带来很大的价值,它意味着更多的机会、更高的效率和更精准的营销。

随着数字化运营的深入,良品铺子又提出了新运动:一是门店互联网化,其核心是在技术的推动下,实现以门店为核心,同时打通全渠道、全会员、全数据的模式;二是社群化,即把微信、微博打通,建立社交生态圈;三是本地社区化;四是公司所有业务实现数字化。

良品铺子通过把经营的核心环节数字化,缩小了自身与电商之间的差距。全渠道数字化改造完成后,所有与良品铺子发生交易和互动的用户,都会被记录下来。例如,用户在自媒体里发表了对美食的评论、对健康的评论、对旅游的评论,良品铺子的系统会把这些评论抓取下来,进行精准分析。

良品铺子通过线下门店、平台电商、社交电商、本地社区和 App 等渠道分销商品,目的就是打造数字化门店,实现以门店为核心,打通全渠道、全会员、全数据都打通的新零售模式。良品铺子则通过数字化从一家零食企业变成了一家数字化的科技食品企业、一个大数据公司、一个搭建行业平台生态的企业。

通过良品铺子的案例,可以总结出运用数字化模型的一些方法:

(1)有 IT 信息化系统的支持。企业应改造经营环节,构建多样化的零售场景,商品、会员、营销、交易等零售数据的沉淀都需要在 IT 信息化系统内完成;除此之外,商品、订单、会员、分销、物流、仓储、财务也需要对接管理系统,实现多平台网店、终端、渠道的联通,商品共享同样离不开 IT 信息化系统,全面管理线上线下零售数据也需要在系统的帮助下才能实现。

(2)建立开放的创新生态圈。一个开放的机制能够激发企业的活力,企业应通过合作共赢的方式获取竞争优势。

(3)建立数据化的、以数据分析为驱动力的流程。通过流程的全面数据化实现线上线下的数据融合,一方面能够得到有价值的用户数据,另一方面能够提升运营效率、降低运营成本。

(4)建立强大的组织架构及人才体系。企业的所有决策都会落实到执行层面,合理的组织架构与人才机制是实现企业重要决策的保障。

(六) 技术与商业模式的融合

纵观商业的发展历程,发现每个新商业模式的出现都会伴随着新技术。解读新零售模式,会发现它是充分发挥互联网、大数据、识别、传感等现代科技技术,将这些现代科技综合应用于改造、提升传统零售行业,从而实现新信息技术商业化的应用。这种新零售模式恰恰契合了目前用户对品质和体验的需求,因而成为零售业的一种发展趋势。

如果没有互联网、大数据、VR、云计算等技术的支撑,新零售模式根本无从实现,因此可以说是技术在引领新零售商业模式走向现实。例如,无人超市,其表象是"无人",而本质是零售的数字化。传统零售企业依据经验完成货物的销售管理,效率提升缓慢,用户需求得不到精准满足,企业难以适应用户越来越高的要求;而随着信息网络技术的快速发展,大数据技术的应用使采集到的用户信息通过网络技术回传到信息平台,方便企业识别用户的购买行为。另外,无线网络支付技术又把传统的货币购物转变成了移动扫码支付,打通了支付环节等。

好的商业模式能融合技术创新、产品创新和服务创新,不断地推动产业竞争模式的发展和经济进步。在此过程中,技术与商业模式相辅相成、协同发展。在某种意义上,技术进步是商业模式的前提,有了更先进的技术就可以改变企业的盈利模式。

以苹果公司为例。通过 MBA 智库百科和《乔布斯传》等资料研究整理,苹果公司(AppleInc.)是美国的一家高科技公司,1976 年 4 月 1 日成立。苹果公司主要开发和销售消费电子、计算机软件、在线服务和个人计算机。

在苹果公司独特的"硬件+平台+内容"的商业模式中,苹果产品的新技术使这一切得以实现。其实,每代苹果产品给用户带来的良好体验都依赖技术创新的支撑,如新型显示技术、多点触控技术等,这些新技术使苹果公司的产品以高于同类产品的价格销售并获得丰厚的利润,也构成了苹果公司的独特的商业模式中的基础一环。人们选择苹果产品很大程度上是因为它的设计和技术,而坚持使用苹果产品则是因为它的商业模式。

很多新的商业模式是围绕着技术创新产生的,新技术往往可以为商业模式创新注入动力。最典型的就是云计算。云计算本身既是技术也是商业模式,不同的企业会建立不同的云计算商业模式。例如,谷歌公司立足于终端用户,通过建立强大的基础平台、软件系统和信息资源,把信息搜索服务提供给用户,通过广告获得收益。而微软的云模式则是"云+端",既强调云端的服务功能,将软件以服务方式提供给用户,又强调不断提高用户端的软件功能,同时无缝连接云端与用户端。

然而技术创新往往伴随着高昂的成本、稀缺的配套资源和低下的市场认同度。如果没有合适的商业模式创新与之匹配,技术创新很有可能以失败告终。特别是对新兴产业和变革性的新技术而言,由于技术不成熟、研发成本高、缺乏配套设施,技术和产品的市场推广及应用是一大难题。通过商业模式的创新有效降低成本,是新技术、新产品走进市场的一条重要途径。特别是在新兴产业领域,技术和商业模式都处于探索阶段,更需要活跃的商业模式配合技术应用的推广。例如,深圳在推行电动公交车时使用车电分离、电池租赁的模式,公交公司只需支付不含电池的裸车价格,电池则以租赁方式分8年付款,这一措施大大缓解了公交公司的资金压力,同时推广了电动公交车项目。

综上所述,技术与商业模式相互作用,只有实现了新技术与新商业模式的融合,企业才能从中获益。在新零售模式中,新技术起到的作用是显而易见的,新技术的广泛应用也造就了很多新零售业态的迅速成熟。因此对企业来说,重技术而轻模式或者重模式而轻技术都是行不通的,想要真正实现新零售,必须使商业模式与技术融为一体,让技术更好地为模式服务,也让模式更好地实现技术的诉求。

二、新零售商业创新模式的体系构建

(一)构建多途径、精准化的运营体系

运营是对运营过程的计划、组织、实施和控制,它与产品生产和服务密切相关,产品负责界定和提供长期用户价值,而运营则负责创造短期用户的价值,协助产品完善长期价值。运营广义的含义就是更好地连接产品和用户的方式,而连接的前提必须对企业价值观、对产品、对用户有深刻的理解。

鉴于此,运营体系的构建对企业产品的销售与用户体验而言格外重要,新零售模式下的运营与传统的零售企业运营有很大的区别。以下探讨新零售形态下企业运营体系构建方面的相关内容。

1. 从经营商品到经营用户的体系

互联网时代的用户价值已经超越了交易价值,而新零售是以用户体验为中心,通过商品经营用户;商品成为企业建立用户关系的媒介,因此经营

用户是新零售运营模式的核心,在新零售时代,经营用户的企业才具备核心竞争力。

以孩子王儿童用品股份有限公司(简称孩子王)为例。孩子王是一家数据驱动的、基于用户关系经营的创新型新家庭全渠道服务商。通过公开资料整体可以得知,自 2009 年成立以来,孩子王以用户为中心,围绕用户构建关系、场景和内容,打造创新型 C2B 商业模式,提供差异化商品和个性化服务,目前已成为中国母婴童商品零售与增值服务的领军品牌。

孩子王 2009 年以独创大店模式切入母婴市场,在 2014 年坐上行业第一的交椅。自从 2009 年孩子王开设第一家门店后,仅仅几年,其门店就遍及13 个省、3 个直辖市、76 个地级市,平均每家门店面积达到 5 000 平方米,覆盖数千万会员。同时孩子王还拥有线上线下两个服务平台,以及连锁门店、直购手册、电子商务三大渠道。多年来孩子王坚持数据挖掘分析,以 C2B 打造定制化供应链,专注经营用户关系成为孩子王与其他同行企业显著的差异之处。孩子王连续 6 年同店销售额增长超过 50%,且孩子王的销售额中有 97%~98%来自会员。孩子王的"大店模式"被越来越多的用户认可,其经营模式与传统大卖场相比,更注重经营用户。

孩子王的经营模式为"经营客户"。孩子王并非单纯地以销售商品为目标,而是在销售商品的基础上提供增值服务,从而打造全方位的盈利构成:商品销售占 1/3,服务占 1/3,另外 1/3 则是互动活动。

从某种意义上来看,孩子王不仅是零售商,更是一个孩子成长的一站式解决方案提供者。提供体验,让孩子王成为各种社会关系的汇集之地。孩子王每个门店均开设有游乐区、手工制作区、玩具体验区、读书区、电视动漫区以及东方爱婴、励步国际等早教机构。

孩子王从中国新家庭用户出发,提供全方位的全场景服务。孩子王认为,一个新家庭用户会有线上线下购物、育儿、社交、保险理财等多种需求。

为了满足用户的这些需求,孩子王结合用户的全场景,为他们提供了一些特色产品,如 POS 产品、本地生活圈、线上商城、社区以及金融保险等。

孩子王利用互联网技术改造了门店购物体验,凭借新型的 POS 产品改变传统的 POS 交互及形态,实现了包含更多交互和体验的收银过程,如移动 POS、双屏 POS、POS 办会员卡、PADPOS 等,在与用户的交互过程中,POS 机客显屏可给顾客推荐一些信息,告诉用户近期有些什么优惠、折扣及积分情况等。未来,孩子王门店不再设收银台,用户直接用手机扫一扫可以下单付款,会有专人将商品送到用户的车辆上。另外,孩子王还为每个门店建立了一个在线站点或 App,使门店可以在更多时点和用户"接触",这被称之为"身边"。它成为一个以孩子王会员为中心的、8 公里范围内的、为家庭提供基于地理位置的本地生活服务平台,商户发布会员活动信息并进行在线报名、在线组织、在线晒单或分享等。孩子王从门店出发,利用 App 整合周边的早教、培训等各种教育资源,为用户提供专属的会员定制产品。

孩子王社区是以意见领袖和孩子王育儿顾问、合作伙伴为主体的为用户提供精神消费的场所,包括知识分享、社交、儿歌或故事分享、购物笔记、动态圈子、关注等内容。社区中有个动态区域被称为妈咪秀或商品秀,为新妈妈或宝宝们提供了一个秀场。社区具有社交属性,用户可以互相关注,更重要的是与孩子王品牌产生情感互动。除了产品与服务外,孩子王还开发了一款便于员工管理用户的 App,名为"人客合一",员工登录自己的账号就可以看到用户的信息,如用户最近的消费记录、活跃度等。如果某个用户很久不来店消费,便可借助 App 给该用户赠送一张优惠券,以引导其进行消费。

孩子王门店的销售人员实际上需要担任育儿顾问,许多新妈妈希望咨询专业人士来决定购买什么样的商品和服务。在孩子王看来,做好专业的咨询和服务,便可获得用户的信任与认可,从而获得销售机会。

建立新型的用户关系,不仅需要营销策略、企业资源的配合,更需要制度层面的设计和执行。以"用户关系管理"为核心的商业模式促使孩子王的组织架构与传统零售企业不同。在孩子王总部,职能部门被划分为顾客研究部、顾客支持部和顾客经营部。在员工配置上,互联网人才在孩子王总部的占比达 58%,一线员工不仅是销售人员,而且是专业化的服务人员,以利于为用户提供高品质的服务。

除了组织结构调整外,孩子王内部的考核体系也进行了改革——从传统的以销售额为主线的考核,改为以会员数量、互动活动频率和活动次数为重要指标的考核。发展会员并持续互动是非常辛苦的工作。为了鼓励员工,孩子王一方面制订了奖励制度;另一方面,允许员工配助理,以优化会员管理。

孩子王 98% 的销售额来自会员,这使得孩子王需要不断挖掘新会员、粘住老会员以保证销售额持续增长。在此商业模式之下,针对会员进行的活动营销成为孩子王主要的经营模式。孩子王的每个门店每年开展约 1 000 场活动,算下来每天至少要做 3 场活动,以此吸收新会员。每场活动的转化率 95 以上%。

在挖掘新用户方面,孩子王与传统零售店的"坐商"模式也有所不同,孩子王的生意是从店外开始的,即主动寻找孕妇。孩子王的员工会主动到妇幼保健院等医疗场所寻找客户;找到客户之后,与其进行沟通交流;待她成为会员后,邀请她到店里免费领取一罐奶粉。与传统的大规模广告投入相比,这种方式高效而精准,会员数据的质量也很高。孩子王虽然从未做过广告,可是每位会员年度消费额约 150 元。现在,在孩子王的会员中,孕妇比例已达到 100%。

孩子王通过线上和线下活动深度经营用户关系,在其他零售行业追求规模的情况下,孩子王追求的是精准营销,而不是通过大规模的广告吸引流量。孩子王的案例很好地说明了新零售"以用户为中心"的核心商业模式。那么,在新零售运营模式中,企业应当如何经营用户? 可分为以下四个阶段。

(1)用户关系管理阶段。过去很多企业把经营重心放在产品上,然而经营产品其实只是手段之一,只有经营用户才是这个时代企业长青的根本。因此,经营用户的第一阶段是与用户建立关系,并管理这种关系。

(2)用户资产管理阶段。资产可以量化,也可以增值。例如,一个会员在店里消费 150 元,企业 1 个员工 1 个月发展 20 个会员,那么其销售额就是 3 000 元。这就是经营用户关系到经营用户资产的过渡。

(3)单客经营。每个用户都有其内在价值,通过挖掘用户数据,企业能够得到很多有价值的东西,如用户的购物规律、喜好等,企业可以根据用户的购买规律不停地围绕这个用户样本设计个性化的互动,如利用微信与用户沟通。

(4)与用户建立强关系。经营单客的目的是与用户建立强关系。强关系是指从人性出发,基于人性的社交与情感需求所产生的关系。因此,要想与用户建立强关系,就必须利用数据挖掘在社交与情感两个方面与用户的需求精准匹配。

企业重要的相关利益者一般有:供应链上的合作伙伴、消费者(用户)和员工。那么,针对这三种相关利益者的强关系应该如何打造? 具体有以下方面。

第一,供应链,企业应当根据大数据为用户定制商品,以此减轻供应链的库存压力,对供应链实施个性化改造。如今很多制造企业都在转向 C2B,即用户定制,上游企业则通过生产决策的精准化使供应链与用户建立起强关系。

第二,强关系源于用户之间,即让用户与用户交流。用户之间的强关系是通过社交建立的,在关系形成以后,就有可能在平台上互相提供信息。

第三,企业员工和用户之间的强关系。员工与用户之间的互动可以加深双方的关系,提升用户对企业或品牌的忠诚度。

在用户个性化的时代,企业要通过细分用户,全方位、全渠道地满足用户需求。仅从线上线下两个渠道是远远不够的,用户还需要更多定制化的方案,而企业的一线员工也不再是传统意义上的销售人员,而是"专业顾问",帮助提升用户的体验感。

2. 新零售模式下的全域营销方式

在新零售模式下,企业的营销方式也发生了很大的变化,全域营销应时而生。全域营销是指在新零售体系下以用户运营为核心,以数据为能源,实现全链路、全媒体、全数据、全渠道的营销方式,即整合各类可触达用户的渠道资源,建立全链路、精准、高效、可衡量的跨屏渠道营销体系。

在新零售时代,企业与用户的关系已经与以往不同,这也使得营销场景、营销手段与营销对象发生了较大的变化。显然,传统的以企业为主导的广播式、渠道式营销变得低效。营销渠道一般分为传统营销渠道和在线营销渠道。传统营销渠道主要包括印刷媒介、广播电视以及户外媒介等,它们具有传播面广、渗透力强、权威性高的优势,但是制作和传播成本高,难以追踪用户并量化效果。而在线营销的渠道非常丰富,包括内容门户、搜索、社交网络、各种垂直场景的移动应用等,这些渠道覆盖面广、内容形式多样,制作和传播成本相对低廉,能够实现与用户的交互,由于具备在线可跟踪的优势,营销受众和营销效果可以精准地追踪与量化。

由于不同营销手段各有优劣势,企业利用各类渠道时需要在最合适的场景和时刻触达精准的用户,以期达到最大的营销效果。然而,随着越来越多的企业投身电子商务,互联网已经不仅是一个卖货的渠道了,更是一个重要的营销渠道。然而随着互联网、移动互联网、社交媒体、电子支付、物流交叉覆盖用户群体,人们发现任何单一营销渠道都不再适用于精准定位用户,于是全域营销模式出现了。

全域营销是全渠道全触点的营销模式,它全程以用户为关注点,基于人与人、人与物、人与媒体高度互联的环境,使线下线上不再是独立、分行的渠道。

以阿里巴巴的全域营销案例为例。阿里巴巴通过技术手段,将传统营销链路上看不见的用户和用户决策路径变成可视的、可触达的,让用户的行为可以被分析、可以被追溯、能够互动。阿里巴巴的全域营销主要有以下 4 个特征,即全数据、全链路、全媒体、全渠道。如表 4 - 3 所示。

表 4 - 3 阿里巴巴全域营销特征

特征	内　　容
全数据	由于拥有用户唯一身份识别体系,阿里巴巴可以打通生态系统中所有的行为数据,积累人群触达的价值
全链路	从认知、兴趣、购买到忠诚的整个营销关系链路上,用户只要在阿里巴巴的任何平台上有过行为,都将留下痕迹,阿里巴巴能够由此全面了解用户的行为和诉求
全媒体	阿里巴巴拥有娱乐、购物、社交、移动出行等各个重要用户触点的全媒体矩阵,以及合作媒体资源,可以无缝对接全域营销产品
全渠道	通过线上线下的配合,打造服务打通、产品打通、商品打通、会员打通系统,借由数据实现全渠道运营

阿里巴巴的全域营销建立在以用户唯一身份识别体系为基础的数据底层之上,而所有的数据基石来自必须有的数据 ID,也叫 Uni ID。

阿里巴巴较为幸运,拥有来自大文娱的娱乐数据,来自支付宝的交易数据,来自微博、陌陌的社交数据,来自高德的位置数据、UC 的门户数据以及淘宝庞大的消费行为数据……阿里巴巴用了几年时间将这些数据归成"真人"。换言之,阿里巴巴的数据是用户的真人数据。如果只是数据,没有技术的归一,单从优酷 ID 和淘宝的 ID 来看,不知道两个账号是同一人的。而归一出来的真人 ID,叫 Uni ID,被阿里巴巴称作"大一统 ID",一个 Uni ID 相当于一个完整的用户画像:用户浏览过哪些视频、去过哪些地方、消费过哪些东西、支付宝里有多少余额、兴趣、爱好、消费层级等能够被勾勒出来。有了这种归一的数据,就可以更好地在内容营销和商品服务方面服务用户。

有了数据支持,阿里巴巴的全域营销可以在三个层面得以实现:首先,全媒体。过去因为 ID 分散,媒体又多,品牌不可能实现触达。企业过去只会发推销邮件和推销短信,而如今可以实现全媒体互动;其次,全链路。用户从认识到有兴趣购买,再到重复购买,整个过程叫作"链路"。阿里巴巴的优势在于在每个链路都能记录用户行为,通过技术与数据实现;最后,全渠道。阿里巴巴并不只将用户引导到线上。事实上,阿里巴巴的数据和线下零售店完全连通,最终目的是,无论用户在线下还是在线上,只要积分打通,价值就会不断积累。

阿里巴巴围绕传统营销链路设计出了全域营销的产品体系,主要包含四个方面:一是全域策略:帮助品牌聚合、归并所有和用户有关的数据并进行分析,还原用户的全部决策流程后再找到关键决策点及重要的决策链路,让品牌可以根据人群画像精准触达目标用户,提升品牌的获客效率;二是全域传播:即建立在阿里巴巴全媒体矩阵资源上的品销媒体产品,以及开放给代理商使用的 UniDesk 线上广告投放管理系统;三是全域运营:主要通过品牌旗舰店和品牌号打造全新的品牌与用户之间的关系;四是品牌数据银行:建立在阿里云之上的品牌私有用户数据资产管理中心,存储的是用户与品牌全链路关系的数据资产。

从阿里巴巴的全域营销案例中可以发现,企业要想实施全域营销必须建立在目标用户的决策链条上，模拟、界定、选择影响用户、接近用户、感动用户的新方式、新地点和新介质，把控关键触点，这些需要大数据的支持。利用大数据，企业可以分析、制订个性化的营销策略，继而采用全域传播的方式实施营销行为，这就是全域营销的精髓所在。

3. 新零售的供应链

企业运营一般有三个重点环节：产品、营销和供应链。在新零售时代，供应链端正在变得越来越重要，这是因为透明的价格、用户个性化的产品需求、挑剔的购物体验需要强大的供应链保证。企业缺乏供应链，则无法获得相同品质下更合理的价格，无法引入更丰富的产品品类，无法快速地给用户提供更准确的产品库存及物流信息。

除此之外，新零售运营从源头的生产到终端的消费需要基于用户需求分析出准确的供货量。因此，提前洞察用户需求及预判用户行为也成为新零售对供应链端提出的新要求。

在传统零售行业中，供应链的主要职能局限在后端，即采购、生产、物流等环节，严重缺乏和用户、销售渠道的协同整合，这让供应链的反应总是很滞后。而在新零售中，一切围绕用户的需求，各种职能必须高度协同地服务于用户。供应链所扮演的角色不再是被动地等待前端传递的信息，而是主动参与前端服务用户的工作，如商品选择、销售预测、动态定价、自动补货、采购计划等，涉及日常运营的工作都可以由一个整合的职能统一操作，强调的是"全位一体"，供应链也就成为大数据、营销与供应链的集合体。

例如，2017年9月，蒙牛集团与阿里巴巴集团签署了蒙牛与天猫的全面战略合作协议，协议内容包含了从销售到物流、从数据到品牌等方方面面。早在2016年6月，蒙牛就已经与菜鸟达成了全品入仓的协议，并将线上销售所有的仓储、配送都交由菜鸟智能供应链负责。蒙牛能够稳居线上销售额的行业第一，这条新型的供应链体系起到了重要作用。与菜鸟合作前，蒙牛还在使用传统的物流体系,所有的线上发货基本上由一两个仓库完成。不管哪个地区的订单,均由该仓库发出;在与菜鸟达成合作后,蒙牛所有用于线上销售的商品都被分布到菜鸟位于全国各地的仓储中心,蒙牛只需将货送到这些仓库即可。

凭借强大的数据能力,天猫和菜鸟在短时间内就重塑了蒙牛的整条供应链。其中,最直接的变化来自配送模式。在此前的传统模式中,无论距离多远的订单,蒙牛都从全国的同一个仓库发货,这使其物流成本一直居高不下。使用菜鸟的解决方案后,蒙牛的商品便由工厂或经销商提前送到菜鸟在各地的大仓库,这样商品就能从距离用户最近的仓库发出,大幅缩短了流转距离。

对保质期限较短的乳制品来说,物流效率显得更为重要。在以往的体系里,蒙牛一般只能依据经验将商品发给各地的经销商,一旦出现断货的情况,就只能从全国各个地方来回调货,多次调拨不仅导致大量商品过期,更平添了高额的运输成本。而在进入菜鸟仓后,天猫和菜鸟会根据消费数据、库存数据及大促等内容进行提前预警:告知蒙牛哪款商品最近销售火爆,需要提前准备;哪款商品有滞销情况,需要进行促销。这一预警机制的使用使蒙牛的过期商品大量减少。

科学的仓储模式也降低了蒙牛的仓储费用,如今即使在"双11"购物节,蒙牛也能从几百倍的暴增订单中高效地完成发货,告别了压货、退货造成的巨额浪费。

另外,蒙牛还通过新型供应链完成了一套新的订奶流程。通过天猫超市与菜鸟联盟提供的直送服务,用户早上下单,下班前便能收到购入的牛奶,便捷程度甚至超过了逛超市。蒙牛通过与菜鸟的合作对供应链实施了成功的改造。从中可以看出,未来新零售时代的供应链不再仅仅靠人、流程、硬件设施等要素的简单堆砌和叠加,而是要实现供应链的数字化和技术

化的变革,让供应链变得更加具有智慧。供应链的智慧表现在以下方面:

(1)供应链的可视化。盒马鲜生作为目前新零售最典型的案例,在其运营中对商品广泛使用了电子标签,将线上线下数据同步,如库存同步、价格同步、促销同步,实现线上下单、线下有货,后台统一促销价格,这些就是供应链可视化的表现。供应链可视化后,企业未来所有的业务职能包括销售、市场、财务、研发、采购和物流等进行有机的集成和协同就有了可能,也可以对用户需求、门店或网上库存、销售趋势、物流信息、原产地信息等进行可视化展示。另外,供应链也会因此反应更加迅速。

(2)供应链的人工智能化。在新零售的业态中,大量零售运营数据包括用户、商品、销售、库存、订单等在不同的应用场景中海量产生,结合如商品品类管理、销售预测、动态定价、促销安排、自动补货、安全库存设定、仓店和店店之间的调拨、供应计划排程、物流计划制订等不同业务场景,再匹配合适的算法对这些应用场景进行数字建模后,就能够通过模型预测未来用户的购物行为,从而为企业决策提供支持。人工智能在新零售业态中供应链的应用有两大核心模型:一是预测模型;二是决策模型。预测模型主要是通过回归、分类、时间序列等算法在数据统计模型上对未来的销售进行预测;决策模型则通过启发算法、整数规划、解析求解等建立运筹模型对以上具体业务场景应用进行决策。

(3)供应链的智慧化。新零售企业的运营指挥控制系统是企业的"大脑"和"中枢",新零售企业应该建立起由不同业务应用模块组成的运营指挥系统。这些应用模块具有各自管理一个领域的功能,显示实时的运营动态如货龄、售罄率、缺货率、"畅平滞"销售占比、退货率、订单满足率、库存周转率、目标完成比率等,同时又相互连接和协同。根据以上所建立的数学模型最终形成通用的运营决策建议,如智能选品、智能定价、自动预测、自动促销、自动补货和下单等。在此基础上,供应链管理人员所做的事情就是搜集信息、判断需求、和客户沟通、协同各种资源、寻找创新机会等。

4. 企业零售人才的升级

企业要想拥抱新零售时代,对人才的要求比以往更高了。企业要想实现新零售战略,依靠原有的人员配置是不行的,因此企业必须进行人才升级。在企业的运营体系里,以下几种能力可以作为企业人才升级重点关注的能力。

(1)数据化运营能力。新零售的运营首先要对数据敏感,同时目标感强,这是销售运营的基础。当任何一个影响销售额的指标发生变化时,企业的相关人员要从产品的长度、宽度、广度等多维度进行全面立体的数据分析。另外,相关人员在进行数据分析的时候不能仅仅流于表面,必要时还要深入了解数据背后的原因,这样才能更好地完成数据分析的工作。同时,新零售的销售必须依赖数据的追踪和对比,而对比的前提须建立科学的数据模型,如建立门店的日销售额权重和成长轨迹模型等。建立标准,做好销售的跟进、科学的同比环比,同时针对销售的极值进行分析,这些工作是数据化运营对企业人员的更高要求。

(2)产品运营能力。管好产品,首先要管好产品的"进销存"。企业的相关人员要监控产品的动销率、售罄率、库存周转等关键指标,同时还要了解产品的销售结构,进行价格段分析、品类占比分析、热销产品分析等,确保品类销售的合理性。最重要的是,要分析用户的购买订单,以此了解用户是否购买了人气产品、是否购买了连带推荐的强关联产品、用户的客单价是否合理。得到分析结果后再进行调整,以此改善产品的销售水平。

同样,精细化的运营管理也必须建立产品的"销售模型",进而了解每个产品的生命周期。企业人才对产品生命周期的管理是产品运营的核心能力,需要对行业、市场及竞品保持高度敏感,对产品供需了如指掌,部分 3C 流通性产品还要了解二级市场的价格,在产品不同的生命周期,做不同的营销动作,把控销售节奏,快速导入产品,延长产品生命周期。这是一个不断学习和总结的过程,任何企业培养优秀的产品运营管理人才,都不是那么容易的事。

(3)活动运营能力。策划活动是运营的重要手段。为此,企业还必须配备活动运营人才。活动运营人才必须在做活动策划前优先考虑品牌的调性,不能仅为了做活动而做活动,还要考虑活动的目的,是宣传品牌还是提高销售额,根据目的确定活动形式,同时做好活动准备和流程把控,最后进行活动的总结和评估。

在新零售的大环境中,一些跨界的销售活动成为很多企业的尝试。例如,小米之家和爱空间开展了互相导流的活动,在爱空间下单的装修用户到小米之家购买家电有专属优惠,在小米之家下单的用户到爱空间参观时赠送礼品,下单还有家电赠送。这样的活动使爱空间帮小米之家找到了目标用户,而小米之家也为爱空间导流。活动的预算比双方平时的市场投入要少,获得了不错的效果。

(4)品类运营能力。品类运营是一种综合的整合营销能力,企业的品类运营人员需要对用户需求以及场景有深刻的洞察。品类运营首先要对产品有深刻的了解,从而找到符合现代人审美和精神需要的产品推广方式;还需要拥有凸显产品体验、提高决策效率的商品陈列能力;同时还需要挖掘出帮助用户了解产品卖点、对用户有所益处的表述和演示;甚至还需要规划门店布局、销售人员培训等每个细节。好的品类运营人才能够带给用户愉快的购物体验,是用户通过产品认同品牌、持续复购和使用产品的重要影响因素。

(5)用户运营能力。这种能力对新零售企业而言至关重要,因此相关的人才升级是重中之重。新零售的用户运营是一种信任运营。首先,企业的运营人员必须了解用户是谁、从哪里来,这需要整合线上和线下的数据,通过用户购买频次、使用频次、高价产品占比等数据全面了解用户特征与需求;其次,围绕用户的新增、留存、活跃、传播以及用户之间的社交价值实施经营动作,建立用户信任。在产品的使用上,爱好者对普通大众有着较大的带动作用,可以通过口碑推荐帮助产品推广传播,所以高段位的用户运营一定要设置会员体系和 CRM 体系进行精细化管理,以此评估会员的忠诚度、购买力和价格容忍度,做好会员的分级管理,经营会员的生命周期。

(6)内容运营能力。内容运营就是持续关注内容从生产到消费,再到流通和传播的全过程。因此,内容运营首先要有正确的定位和调性,并始终如一,形成风格和标签。好的内容是围绕用户感知的,让用户喜欢,并给用户传输价值。因此,在新零售时代,一个好的内容运营人才不仅要具备渠道组织能力,更要看他所生产的内容是否能够打动用户。内容运营人才还要深度理解企业的价值观。例如,小米公司的产品内容核心不是"标题党",不能把内容当成宣传手段,而是要把内容当成"与用户交朋友"的工具与媒介。因此,内容运营者必须明白对用户有启发和价值的内容才是好内容的道理。

内容运营不只针对用户,也需要面对员工。在企业业务高速发展的今天,要持续地输出好内容才能帮助一线的销售人员了解产品,只有企业内部人员真的了解了产品才能把信心和价值观传递给用户。所以,从这个维度上来说,运营已经不仅是产品的促销,也是一种价值的传递。

(7)构建规则的能力。构建规则的能力是基于对核心业务的深刻洞察,构建出产品的运营体系。任何一个规则和流程都必须有一个人对全局负责。例如,创建一个用户体验运营流程,就要从用户第一次点击页面或者看到门店第一眼的感受,到用户的接待服务和售后服务,再到该用户的二次购买,形成一个闭环。基于此,如果把售后和客户服务看成用户体验链条的一部分,那么企业就需要收集问题信息和用户反馈,提升用户体验,最终收获用户口碑。然而,仅仅凭借企业的客服人员与售后员工是无法对整个体验链条负责的,因此需要一个统筹整个链条的岗位,这个岗位的人员要有全局思维,清楚目标和结果,然后基于业务流程和逻辑梳理出链条上自始至终的各个环节,思考如何在各个环节上给用户不同的体验,以期最终实现目标。这一角色还要有生态化思维,建立一个让所有角色在其中驱动发展的运营机制,这就是构建规则的能力。

综上,在新零售时代,企业需要的一定是综合型人才,懂销售、懂内容、懂推广、懂用户、懂项目、懂策略、懂行业、懂业务,这与以往企业单一岗位对应单一能力的用人标准有很大的差异。人才掌握了全面的技能后,才会有全局思维,才能结合产品的特色和优势,为产品制订有效的策略,甚至有针对性地对现有关键业务流程进行优化和调整。

（二）构建线上线下的全途径零售体系

新零售包含线上线下融合的显著特征。国美、苏宁等传统线下销售企业通过提升顾客线下体验、线上线下同价、买断商品等多种方式,带动了部分销售向线下回流。部分百货企业在加强实体店铺建设的基础上,推广线上 App、网上商城,带来了销量增长。如今的零售业态正在向全途径零售转型。

全途径零售是指企业组合尽可能多的零售渠道类型、整合销售的行为,以满足用户购物、娱乐和社交的综合体验需求。销售渠道包括实体店铺、服务网点、上门直销、直邮、电话购物、电视商场、网店、手机商店以及网站、呼叫中心、网络直播、社交媒体、电子邮件、微博、微信等。换言之,全途径零售是指以用户为中心,利用所有的销售渠道,将用户在各种不同渠道的购物体验无缝连接,同时将其在消费过程中的愉悦感最大化,而用户可以同时利用一切渠道,如实体店、互联网以及手机等随时随地进行购物。

1. 新零售体系下的线上平台

企业要想构建全途径的零售体系,必须通过技术手段实现,其中云技术就是重要的一种。

例如,据印染人、晋江财经报道、纺机网报道,特步公司与阿里巴巴合作,通过技术平台的升级转型将不同渠道的功能在云端合并共享,搭建了线上线下全途径零售体系。用户需求的改变导致了零售企业组织、流程、系统的重构,当新零售组织带来的新体系流程剧烈变化时,对于特步这样的企业来说,原有的系统已经不能满足运营的需求,必须实现整体升级,使其敏捷地支撑业务。为此,特步公司希望成为中国零售业领军企业中率先利用云端构建全渠道零售平台的企业。最终特步公司在阿里云的服务中发现了"共享服务中心"架构与"企业级互联网中间件"产品的价值。以 ERP 为代表的传统软件解决的是流程自动化效率问题,而阿里云中间件平台能够打通销售、售后、CRM 等前、中、后台系统,以"企业级应用平台"战略帮助企业实现贯通业务线、应用系统、不同地域的数据分析、数据决策、数据智能闭环。

阿里巴巴的淘宝、天猫、聚划算业务应用相关的云技术已近 10 年,它支撑着线上线下"新零售"交易规模,为中国数以亿计的活跃用户和"双 11"活动提供稳定可靠的零售云服务。特步公司依靠这个全渠道零售平台打通了网上商城、竞拍平台、LBS 平台、App 微营销平台、短信平台、移动商城平台、供应商平台、商城连锁平台、万商联盟及分销平台等,完成了多渠道的整合部署。

特步的做法值得很多企业借鉴。由于零售企业并非依靠技术发家,因此在面对"高精尖"的网络技术拦路时往往束手无策。自行研发时间长、投入较大,因此采用合作的方法就成为性价比高的方式之一。综上,全途径零售体系需要实现以下方面的功能:

(1)实现一体化。其中包括:会员信息一体化,即建立全渠道会员统一管理平台,将用户信息、消费数据、消费积分、消费频率等各种要素展现在一个全渠道系统体系内;供应一体化,即统一管理商品的采购、物流、仓储、接单、派单、配送等商品流通流程；渠道信息一体化，即线上线下所有渠道、消费信息均储存到一起，经营者集中显示，同时可以查看、对比各个渠道的市场详情。

（2）具有完善的信息采集功能，形成立体化的用户数据库。用户数据包括用户信息、用户行为数据和用户交易数据，采集的渠道包括 App、微博、微信等。

（3）拥有个性化的营销系统，实现精准营销。通过系统，判断用户的消费思维：一是可以判断用户当前的状态，从而确定是否开展营销；二是在确定开展营销的基础上，判断用户当前的消费意图，决定营销内容。企业还可以根据系统平台数据挖掘结果建立精准营销体系，通过对用户交易、行为数据的分析，对消费倾向、消费能力、品类品牌倾向进行精确锁定，获取综合消费数据。据此，利用设定好的规则，有选择性地发送个性化营销信息，可以预设发送时间、预设发送群体、预设发送内容，开展针对性的营销活动。

2. 新零售体系下的线下实体店

既然是全途径零售体系，那么势必包含线上与线下，线上即以电商店铺为主要销售途径，线下则以实体店为销售依托，因此双线的融合打通就成为全途径零售体系的重要一环。以往线下实体店和线上电商之间的冲突正在被线上线下融合带来的较大影响取代。

在推进全渠道变革中，创维对线上线下利益进行重新分配。创维把全国市场按照区域划分，将线上线下的销售计入业绩。这从根本上改变了线上和线下利益冲突的局面，让全渠道新零售模式真正落地，同时回归到"顾客第一"的服务法则中来。这种线上线下无缝连接的购物体验是原来纯电商或纯线下均无法做到的。

在传统门店供应链管理中，一般一个月进一次货，每次进货数量尽可能多，达千件，周转率一旦走低，就会出现高库存风险；而通过全渠道库存共享以及菜鸟物流的小批量柔性补货方案,可让创维的门店库存保持良性,现在即便是 1 台货,也可以通过菜鸟供应链补货。例如,创维是第一家接入天猫全渠道系统的电器类商家。创维集团在黑龙江、吉林、辽宁三省的 200 余家直营店率先与创维天猫旗舰店实现商品、会员和服务打通,成为首批全渠道深度打通的试点门店。

过去,部分电商零售平台和电器制造企业合作,在线上销售电商专供产品,由于产品型号不同、销售主体多元,售后服务也不同,因此过去电商专供的产品很难享受企业专卖店商品的快捷配送、一站式服务安装调试等待遇。为了消除这种旧零售渠道的弊端,在货品方面,创维在与天猫的线上线下一体化合作过程中,原本只在创维线下直营店出售的商品同步在天猫平台销售,而天猫平台的爆款商品也下沉到创维线下各级门店,进行实物展示及体验,并支持线上下单。这意味着,购买创维家电的用户不仅拥有更宽阔的产品选购范围,还可以享受到创维产品线上线下同价、同等服务。

按照双方的既定规划,创维天猫旗舰店与创维城市直营店体系打通,实现用户在天猫下单即可享受就近门店的送货、安装、调试的跨渠道一体化服务,同时享受同一城市当日达、乡镇次日达的急速配送服务。依托双方供应链的协同,这一新模式实现了创维线上与线下、门店与门店间的商品和库存共享,提高了经营效率,降低了门店经营中的库存积压风险。为了适应产业发展和企业增长等新形势的需求,创维还对门店进行了数据化改造。创维线下门店交易系统和天猫保持一致,用户在门店通过淘系账号扫码下单,可实现对用户特征及偏好等信息的收集,进而实现对线下用户的识别、运营。

在创维携手天猫打造的新零售模式中,电商之于线下实体店不再是颠覆者或破坏者,而是建设者。用互联网数据化能力、便捷优势,结合创维线下体验及优质服务,打造出的线上线下一体化的新零售体系是未来零售企业发展的一个重要方向。

3. 新零售体系下的全渠道战略

在新零售时代,"商品＋服务""线上＋线下""零售＋体验"的融合发展让传统商业与网络零售相得益彰、相互渗透,线下网点渠道资源、商品品牌和服务优势与云计算、大数据等网络新技术、新应用相结合,形成了一个覆盖全渠道的融合发展新模式。正因如此,企业要想玩转新零售,线上线下的"全渠道"战略就成为一项基本战略。

从目前的发展趋势来看,线上与线下逐步走向融合已是大势所趋,企业的经营战略也必须对此做出一个统一规划,然而,目前很多零售企业在全渠道发展方面并不能令人满意。尤其对于那些传统的线下零售企业,其业务的核心都在线下,企业的全渠道战略应该是把线上的流量资源导入线下,做好线下门店的经营,而不是跟在电商后面,冒着分流线下门店日渐减少流量资源的风险,把线下流量资源导入线上。这样做的结果往往是资源分散,线上线下都没做好。目前的零售企业全渠道发展存在以下问题:

(1)割裂线上与线下。企业发展市场必须有统一的战略规划,而不能把面对同一目标用户人为地分为线上和线下。在当前的互联网环境中,线上市场空间要面对的目标用户与线下市场里的目标用户对企业来讲需要高度一致,因此企业必须形成统一的市场定位。目前的客流、流量已经存在于线上线下的二维空间,这种流量资源是可以相互转换的,线上流量资源可以导入线下,线下流量资源也可以转化到线上。例如,阿里巴巴的盒马鲜生做的就是把线下流量资源导入线上的事情。实体零售企业的核心战场在线下,在互联网把一些流量资源分流到线上的情况下,其全渠道战略的核心就是要到线上找到资源,然后把线上资源导流到线下。

(2)很多企业认为成立了电商部,做了线上平台,挖来一个电商高手就是在做全渠道了。这种认识是非常片面的。企业的全渠道战略变革是在互联网环境中,企业整体需要做出的战略调整。这种战略调整需要重新定义企业发展策略,是线上支持线下,还是线下支持线上。企业需要结合当前的互联网环境,制定适应二维市场空间发展策略的新战略。企业还需要变革以往的营销体系,重构互联网思维下以流量思维主导的新营销体系。不管发展方向如何,企业需要对组织体系实施重构,建立适应新环境的新企业组织体系。因此,单纯成立一个电商部门,无法解决企业系统化经营体系变革的问题。特别是如果企业的组织体系继续以往的模式,电商部门实际上就是一个从属部门而已,很难发挥应有的作用。

(3)把 IT 当成线上。很多企业的管理者把全渠道当成是 IT 部门的事,这也是大错特错的。准确来讲,IT 部门是企业的数据部门、技术部门,它的主要责任是通过技术迭代支持企业的全渠道发展。但是,技术部门绝不是企业的经营部门,而只是重要的技术支持保证部门。企业要想实现全渠道战略,技术部门的职责是重构企业的信息系统,由以往静态数据关系的、模块分割的企业信息系统变革为基于互联网连接的动态化、智能化,能产生快速响应的企业信息系统。

(4)按线下的思路做线上的渠道。有一些企业认为用一个 App 应用把线下的商品搬到线上,利用以往的营销手段做线上就是在做全渠道了。这种认识同样存在误区。实际上,线上运作与线下运营有非常大的差异,采用同一套方式是行不通的。企业的全渠道战略需要重构企业新的运营体系,其中就包括重构企业的技术体系,只有新的基于互联网环境下的企业信息技术系统才能真正提供支持企业全渠道战略的效率保证;重构企业的物流体系,新零售模式的实现必须以其更大的便利性为前提,因此物流效率与体验将会起到非常重要的作用;重构企业的商品体系,要建立能够更加符合目标用户需求的、适应线上线下全渠道运作的商品系统。例如,盒马鲜生采用的是放弃客单价理念,所有商品做成小包装,在流量的思维下,提升用户的购买频次,消除囤货的经营理念;重构企业的营销体系,在全渠道环境中,需要企业建立适应平台化、全渠道的新的营销体系,企业营销的重点任务是获取流量,目标是获客、增强用户黏性,提高复购率,最终目标是打造终身价值用户。

(5)线上商城与线下门店相对立。很多零售企业开展了全渠道战略,但其线上与线下是完全分离的状态,甚至会出现线上商城占领线下门店生意的情况。在如此情况下,线下门店应如何推动线上发展? 这样的全渠道战略如何能够成功? 因此,企业的全渠道战略必须走线上与门店结合的道路,使线上能够支持线下门店,同时线下门店能够参与,积极推动线上渠道。对于所有零售企业而言,未来都会面临全渠道运营的环境,企业实施全渠道战略,应根据自身的实力和特点,选择不同的侧重点。

例如,百联集团不仅通过创建概念店的方式创造了新的渠道,还通过概念店的引流实现了线上与线下的全渠道融合,不失为一种新零售的可借鉴模式。在如今产品极其丰富、渠道多样化的时代,产品运营的第一步已经不是卖货,而是通过有效的方式把产品卖点、目标用户、渠道客户、价格体系等一系列设想用低成本、高效率的方式,进行快速验证。在这个用户为王的时代,企业首先要找到肯为产品买单的用户,因此用户运营就成为首要任务;接下来当产品在功效、性价比、外观等方面让人满意的时候,企业就要开始考虑内容运营;当用户对产品产生浓厚的兴趣后,企业就要根据目标产品的生产能力、供应区域半径、团队状况、产品发展策略等考虑渠道的布局。这应该成为新零售企业战略的一个常规化的战略实施流程。

4. 新零售体系下强大的支付与物流系统

在新零售环境里,零售体系内支付与物流体系的改变是最具革新性的。零售是向最终消费者个人或社会集团出售生活消费品及相关服务,以供其最终消费用的全部活动。所有的零售活动都包含三个基本环节:进店环节、购物环节和支付环节。

在传统经济体系中,支付作为一项基础性的金融服务,更多表现为经济交易的附属业务。但随着互联网和物联网技术的发展,移动支付已经被用户接受和使用,支付环节也成为在零售业务流程中交易双方都关心的问题之一。随着很多新零售模式在现实中应用,支付的便捷性成为其最大特点之一。

新零售所带来的支付变革实际上是通过支付工具、支付方式、支付流程等在内的支付过程的优化和更新,影响用户的支付选择偏好,重塑交易支付过程,最终影响零售市场。移动支付利用短信、蓝牙、红外线、无线射频技术(RHD)等非接触式移动支付手段,为新零售模式的实现提供了有效的保障。

新零售的支付体系能够最大限度地促进零售实体店的业务,能够为用户创造更灵活、更亲切的消费环境,实现钱包的电子化、移动化,极大地丰富了用户可选的支付方式。随着支付工具、支付方式、支付流程等在内的支付过程不断优化和更新,并通过影响用户的支付选择偏好,重塑交易支付过程,为用户提供了更加安全、便捷的支付服务。

通过新零售打造的支付体系还能够收集大量的数据,包括用户数据、交易支付数据等。在掌握市场数据的情况下,为企业精准营销提供了新的渠道,并根据用户的积分以及到店情况定向实施新用户到店促销、激活沉睡用户、奖励忠诚用户等方案,提高销售回报率。企业还可以通过线下扫码支付进一步了解用户的实际需求,改善自身产品,提升用户的满意度。随着零售渠道线上线下同时加速推进,全渠道、分布式、碎片化、拉动式的需求模式正在深度影响传统的供应链管理。

以猩便利为例。在无人便利架这个行业,供应链体系的完整、运营的高效、管理的智能直接决定了市场的核心竞争力。猩便利的供应链体系包括食品流通资质和冷链的自有仓库、网络化管理和日补货的自营配送体系,同时整合全国一级代理商,直通厂家。对接入驻企业的商业拓展和上门安装团队,以及一级设备和临保商品回收的定期运维工作。尽管目前市场上有多家类似的企业,但只有猩便利敢标榜自己是"日补货周上新"。由于货架小、库存保有单位(SKU)少,猩便利根据地域和办公空间的不同来定制货品,并且在选品、采购、物流配送上做到"日补货周上新""。

无人便利架作为用户消费习惯改变后的产物,能根据用户的购买习惯不断调整产品类别,同时可以向产品制造上游企业提供消费数据信息,引导产品生产的优化升级。猩便利打造的"千架千面"的产品服务,可以根据大数据,实现差异化选品和配送,从这一点上满足了用户需求。

猩便利从开始就把自身优势定位于"即时"。在无人值守便利架领域,要想实现"即时"必须依靠自有的物流和供应链体系。供应链体系的作用在于通过数据跟踪用户需求的变化,因此企业必须掌握用户需求的动态变化。这就需要通过用户数据的变化反映用户需求的变化,从而指导生产、制造研发,然后在最短的时间内满足用户的需求。

完善的物流体系,打造了苏宁嫁接线上线下的强大物流云平台。通过全网物流数据对消费需求、前端采购、供应链等环节进行优化,使高效的物流体系成为实现线上线下深入融合的核心,成为苏宁布局新零售行业的核心竞争力。

苏宁易购还建立了一支专门配送小件商品的小分队,他们每日满载各种小件商品,穿梭于城市街道之间。这就是苏宁易购的毛细物流配送体系——速递队伍。这支队伍成立于2010年,由几千名专业快递人员组成,每日担负着苏宁易购近万件的小商品配送任务。通过苏宁物流专业培训,这支队伍按照最高的服务标准,担负着苏宁易购网站上的数码、电脑、百货、小家电等商品的配送任务。

与业内快递公司相比,苏宁易购小件配送的最大特点是,由苏宁自有人员完成"最后一公里"配送。因此,用户在签收时能够更安心、放心,一旦因配送过程出现问题,可以迅速办理退换货,免去了中间的一系列烦琐环节。随着整合完成,苏宁物流"最后一公里"配送能力将极大强化,配送效率也明显提高。同时,苏宁易购还增加了用户开箱验货、货到付款等一系列有利于提升用户体验的服务,配送时间也延长到了21点且节假日不休,满足了各类用户的收货需求。

正是因为物流服务体系的诸多标准,大件物流和小件快递的配合运用,才做到了在网站销售剧增的同时能够满足用户对送货时效及服务质量的要求。除此之外,苏宁还不断通过门店、苏宁易购直营店建设,进一步完善物流毛细网络,这也是在物流方面与其他竞争对手相比的优势所在。

新零售的"新"体现在物流上。物流的便捷性让今天线上的购物变得顺畅,使物流的线上业务快速进步,同城配送日益成熟。因此,可以说,新零售与新物流相互影响、相互促进,才有了当下让用户体验不断升级的零售业形态。

第四节 数字经济时代长三角零售企业数字化转型分析

数字经济对经济增长作用明显,数字经济在中国迅猛发展,通过大数据、互联网＋、人工智能等多个领域推动着中国社会经济转型变革,在数字经济时代,传统零售企业在实现数字化转型时,必须是基于互联网、大数据、人工智能等数字化技术手段进行的企业创新转型。长三角地区具备良好的数字经济发展环境,这种外部环境会倒逼零售企业去应用数字技术进行数字化转型,而长三角地区的企业数字化转型的探索和实践将为其他地区提供宝贵的经验。

一、长三角数字经济环境

数字经济是指以使用数字化的知识和信息作为关键生产要素、以现代信息网络作为重要载体、以信息通信技术的有效使用作为效率提升和经济结构优化的重要推动力的一系列经济活动。数字经济已成为全球经济发展的重要趋势。据世界银行分析，数字化程度每提高 10%，人均 GDP 增长 0.5%~0.62%。2018 年，中国数字经济规模稳居世界第二，我国数字经济占国内生产总值（GDP）的比重为 36.2%。2018 年，我国江苏、浙江数字经济规模均突破 2 万亿元，在规模、占比、增速方面均引领全国发展。2019 年，上海、江苏、浙江和安徽三省一市签署《长三角地区市场体系一体化建设合作备忘录》，提出将建设世界领先的人货场一体化新零售网络，由此可见长三角地区数字技术在零售业运用的趋势。

数字经济对经济转型升级的作用性日益凸显，近年来各地高度重视数字经济发展，这其中，长三角地区数字经济发展处于领先位置。清华大学经济管理学院互联网发展与治理研究中心与上海科学技术政策研究所等多家联合发布的《长三角地区数字经济与人才发展研究报告》显示，数字经济已成为国家 GDP 的重要组成部分，长三角地区具备良好的数字经济发展环境，数字人才推动长三角数字经济规模发展和增长速度领先全国。

例如，姜奇平等译的由中国人民大学出版社出版的图书《浮现中的数字经济》最早提出了数字经济的出现是对传统经济学的严峻挑战，反映出信息技术在整个国民经济中的重要地位。数字经济给各行各业带来了无限的商机，而我国长三角地区在数字经济增长速度和数字经济规模上居全国最高水平，属于我国数字经济发展的"风向标"。作为数字经济发展示范引领区域的长三角地区，需要重视跨区域人才战略的整体规划，推动互联网、大数据、人工智能与其他实体行业深度融合，推进长三角实现更高质量、更快速度的一体化发展。

二、长三角零售企业的发展

长三角的零售业是古老的行业之一,从以物易物的个体交换到专门从事零售的商人,从个体的小商铺到超级商场、连锁商店等,零售业不断在发展,也不断创造新概念。这是一个勇于接受新事物的行业。零售业发展至今,离不开互联网的参与,而网络也给零售业带来了翻天覆地的变化。《长三角一体化发展三年行动计划(2018—2020 年)》,提出了要在长三角地区"加快布局世界级新零售网络"。长三角地区零售业成绩斐然,目前长三角地区新零售新业态分布最密集,截至 2018 年 10 月 15 日,上海地区的已经超过了 1.2 万家。2018 年天猫"双 11"销售情况显示,长三角地区三省一市成交额总计达到 596 亿元,占全国总成交额的近三成,可见长三角新消费同样是领先全国。

长三角地区零售业已形成优势互补的产业链,天猫新零售门店在长三角地区分布最多,盒马鲜生在长三角星棋密布,实体店数量高达全国总数的1/3,可见新零售也是促进长三角一体化的生力军。阿里巴巴建立的商业操作系统以数字化赋能长三角地区的零售业,同时多家信息化企业也在长三角落地布局,共同建成了区域内优势互补的产业链,促进长三角地区形成商贸发达、高效快捷的一体化商业大市场。

长三角是我国市场化程度最高的区域之一,在当前消费升级背景下长三角新兴消费亮点纷呈。从 2019 年前三季度居民收入和消费的统计数据可知,长三角地区居民的人均可支配收入和人均消费支出数据较高,远超全国平均水平,属于第一梯队和第二梯队"能挣也能花"类型,而且也是新零售消费最活跃的区域,长三角地区本是传统的包邮区,目前已升级为新零售消费区。杭州市、上海市率先建成新零售示范城市,促进实体零售业的新零售转型,这使长三角城市的新零售发展驶入更快的车道。

三、长三角零售企业数字化转型的模式

长三角地区的大数据、AI 技术深刻改变整个零售产业的上下游,从采购、销售到决策、供应链、用户管理等各个环节上,全面使用数字技术,通过信息化智能化改造,零售业转型升级加快,随着新零售对各大核心消费场景进行系统性改造,零售业迈入"新零售＋"时代,成为产业转型升级的重要助力。抢先把握住新消费时代的先机,实现企业的数字化转型,已是零售业的普遍共识。

(一)零售智慧门店的打造

长三角地区零售业借助于商业智能与互联网技术的突飞猛进,推动便利店、超市、大卖场、百货、购物中心等多种零售业的业态转型升级,打造零售智慧门店,逐步实现了大数据与现场智能设备的无缝对接。通过大数据分析超前预测各类顾客需求;通过"智能化"贯穿消费过程,量身定制满足各式个性化需求;以客流热点分析、人脸识别及大数据分析后台,精确锁定目标顾客,准确、标准、快捷地服务顾客,在给顾客带来极致舒适感受的同时,成功塑造行业核心竞争力。

零售智慧门店升级转型要在原有零售店的基础上进行店铺动线设计及区域布局调整、柜台升级、增设人脸识别系统、增设探针系统、增设智能看货盘及智能盘点系统、货品标签增加 RFID 标签等数字化技术的运用改建,实现从"进店"到"出店"完整的智能交易过程。在智慧门店人口处可进行人脸识别身份确认,并与有效账号自动连接。在购物期间,跟踪用户在店内浏览、取放、购买等行为。顾客在商店选购商品时,会告知最近的折扣商品,并根据顾客的偏好推送定制广告。在商品识别区自动识别用户所购买的商品,并在顾客绑定的账号中扣除相应的费用。智慧门店还包括使用电子价

签,大批量上线自助结账设备,传统纸质宣传册改为智能营销大屏等新场景。

零售智慧门店的核心优势是数字化,如人脸识别、智能大屏营销、扫码购等。通过人脸识别为商品配置类似于身份证的 ID,通过智能大屏进行商品介绍、推荐搭配,等等。借助数字技术,提升零售整体运营效率,减少流通损耗的关键点,也成为门店客流量的来源之一。而且数字化的运营管理,避免手工操作的疏忽而造成的错误,提高门店效率,有效组织运营。零售智慧门店通过对会员的数据分析,可以根据用户画像和推荐算法向会员推荐优惠券和商品,实现对到店顾客精准推送个性化营销信息。

(二) 线上零售网店的开设

零售业开线上网店形式多种多样:可以在网络交易平台上开网店;可以在淘宝网、京东商城、拍拍网、敦煌网、易趣等交易平台上开设网店;可以运用平台上建网店流程进行开设;也可以选择网店优质服务提供商进行注册后交易。目前,这些平台对供货商设置了资金门槛、授权资质,同时对经营品种也有规定,一般需要缴纳平台使用费或者保证金。此外,也可以自建网站式网店,宣传和销售自己零售的商品,比如一些大型零售企业的官网内开设网店,具有网上交易功能。不过自建网店投入较大,还需要有专人进行网站制作和维护。

(三) 线上线下零售业态的融合

零售业运用移动互联网、大数据、人工智能等科技手段,将线上、线下、物流的数据融合,达成以顾客为中心的消费、服务等数据的全面共享,从而实现线上线下的深层次融合。打通线上线下渠道的高效协同配合,开展"以顾客体验为中心"的全渠道营销已经成为未来新零售的发展趋势,顾客可以随时随地在线上体验虚拟服务,还可以通过线下实体智慧门店来优化顾客的购物体验,同时顾客在线上线下留下的信息能够加速店铺对于顾客的信息采集,从而给顾客带来个性化的服务,通过线上线下的无缝切换来增加顾客的消费欲望。

零售业可以通过数字技术打造一个线上店和线下店无缝对接的数据系统,线上网店与线下门店能够共享后台数据信息。比如,对线上店与线下店进行信息收集、分类、整理,分析顾客的购物倾向,实现对顾客线上线下融合互通的精准营销。零售智慧门店使用"人脸分析仪＋智能导购屏"模式来针对顾客的个性化需求而精准推荐商品;线上网店也可以利用线下的数据为顾客提供精准的商品信息,让顾客利用碎片化时间购物。同理,也可以针对线上顾客浏览商品的次数与频率为顾客智能推送线下店商品以及发送宣传广告,提高零售业竞争力。

数字技术是传统零售业转型升级的重要手段,而智慧新零售才是转型的最终结果,从而促进数字经济的发展。因此数字技术帮助零售企业做数字化转型,从而更好地抓住新消费时代。从众多的零售企业身上,可以充分感受到数字经济的发展对零售企业带来深刻的影响。

第五章
浙江省数字经济背景下区域零售商业竞争力发展研究

第一节 零售商业的含义与战略地位

一、零售商业的含义及特性

(一) 中西方零售商业的概念

1. 中国零售

(1)零售是把商品或劳务直接出售给最终消费者的销售活动。

(2)零售是向消费者个人或社会集团出售消费品或非生产性消费品及相关服务,以供其最终消费之用的全部活动。

(3)零售额实际上是按最终消费者个人为生活消费品及其附带服务和社会集团为非生产性消费品及其附带服务所支付的价格计算的,其中的"零售"被实际界定为:向最终消费者个人出售生活消费品及其附带服务和向社会集团出售非生产性消费品及其附带服务的行为。在这一实际界定中,零售活动出售的内容包括纯实物和附带服务,对象包括消费者个人和社会集团。

综合上述各种关于中国零售的含义,本书认为零售作为商品流通的最终环节,就是把商品和劳务等有形或无形商品通过各种形式或渠道直接出售给最终消费者使用的一种商业活动。

2. 西方零售

西方零售主要有以下不同含义:

(1)零售是将产品和劳务出售给消费者,供其个人或家庭使用,从而增加产品和服务的价值的一种商业活动。人们通常认为零售只是在商店中出售产品,其实零售也出售服务,比如汽车旅馆提供的住宿、医生为病人进行的诊治、理发、租赁录像带或是将比萨饼送货上门。

(2)零售是指将货物和服务直接出售给最终消费者的所有活动,这些最终消费者为了个人生活消费而不是商业用途消费。任何从事这种销售的组织,无论是生产者、批发者和零售商,都是在开展零售服务。

(3)零售由那些向消费者销售用于个人、家庭或居住区消费所需商品和服务活动组成。它是分销过程的最后环节。

以上定义都较为宽泛,都认为零售是向最终消费者个人出售生活消费品和服务的行为。它包括以下 4 个方面:基本上是纯实物(生活消费品)的出售,比如仓储式商店;纯服务的出售,比如理发店;实物为主、服务为辅的出售,比如带诊断服务的药店;服务为主、实物为辅的出售,比如旅馆。

(二) 零售业的主要特性

(1)渠道的终端性。零售交易的目的是向最终消费者提供商品或劳务,购买者购买商品的目的是供自己消费,而不是用于专卖或生产。因此,零售业是商品销售的最后环节,其掌握着非常重要的终端网络资源。

(2)布局的分散性。零售业的服务对象是分布在城市和乡村各个角落的千千万万的消费者,不但数量众多且非常分散,零售网点也因消费者分布而形成分散的特性。

(3)交易的零碎性。与批发交易不同,零售交易中平均每笔交易数额都较小,且由于消费者每天都要进行不断地消费,因此零售交易必定特别频繁。

(4)业态的多样性。零售业在其演变发展中,以业态不断更新作为重要标志。迄今为止,零售业的业态多种多样,世界上不同国家和地区的划分与名称有所差异。按我国新标准的划分,主要有购物中心、百货店、专业店、专卖店、超市、大型综合超市、仓储式商场、折扣店、便利店、食杂店、家具建材店、厂家直销中心,以及自动销货机亭、网上商店、电视购物、邮购、电话购物,等等。

二、零售商业的战略地位

零售商业是指以向消费者(包括个人和社会集团)提供所需商品及其相关服务为主的行业。零售业是一个最古老的行业之一。沿街叫卖是最早的零售活动的写照,人类早期的商业就是从这种沿街行商中起步的。在市场经济条件下,零售业成为国民经济的重要行业,对国民经济的发展起着重要作用,在国民经济中占有重要的地位。目前,零售业已成为人们普遍关注的热点行业。

(一)零售业是全部社会产品实现的最终渠道

零售业是在发达的商品经济条件下,社会全部产品实现的最终渠道。零售商业状况的反作用会引起整个商品流通过程和社会再生产一系列环节的连锁反应。如果零售业经营状况良好,销售繁荣,批发贸易就会通畅兴旺,并意味着消费资料需求的增长,从而促进生活资料生产的扩大,而生产资料生产发展,又会带来社会经济发展的全面高涨;反之,如果零售商业经营状况不佳、销售不畅,商品在零售环节积压,就会引起批发贸易和社会生产的缓慢,从而导致整个社会经济的衰退。

（二）零售业是国民经济中的重要行业之一

这表现在其从业人员多,企业数量多,销售额占国民生产总值比重大。零售业是社会经济体系中最重要的行业之一;零售业税收是国家税收的重要来源;零售业是与人们生活关系最密切、为居民生活服务的人员和机构最多的行业;零售业的历次变革和进步,都带来人们生活质量的提高,甚至引发一种新的生活方式;零售业的发展为社会安定起着保障作用。

（三）零售业状况是国家经济发展状况的指示器

市场状况既是一个国家经济发展状况带来的结果,也是一个国家经济发展的条件。零售商业是整个市场的前沿阵地,是市场反应最敏锐、最直观、最迅速的部分。社会经济发展状况首先在零售市场上反映出来,零售市场状况是一个国家经济发展状况的最直接反映。零售业的兴隆繁荣,成为国家经济发展持续景气的必要条件。

（四）零售业是反映一个国家物质文明与精神文明的橱窗

流通业是城市功能的重要组成部分,其中零售业对城市功能和形象塑造尤其重要。尽管零售业态多种多样,但大多数都是通过商业街、大型超市、购物中心、批发市场等表现出来,而这些商业基础设施又往往建在人流比较密集的区域,不仅是本地人口经常光顾的地方,也是外地人感受一个城市的商业形象、商业氛围和商业文化的载体。一个地区或城市的商业形象在一定程度上也往往代表着城市的形象和品位。零售业一方面可以培育浓郁的商业氛围,聚集人气和财气,优化城市景观,塑造城市特色,由此改善城市形象,提升城市品位;另一方面还可以为居民提供商贸服务,保证居民购物方便快捷,是城市的一项基本功能,商贸功能的优化与否是城市竞争力的重要内涵,关系到城市的综合竞争力。零售业通过零售活动向外部展示了一个国家或地区的经济、文化及政治状况。零售业提供的商品种类及品种的丰富程度,以及人们在交易过程中的礼仪、语言、道德、市场秩序等,都展现了这个国家或地区的经济发展水平、人民的文化素质和道德水准以及市场管理水平等情况。

第二节　零售商业竞争力理论分析

日趋成熟的企业竞争力理论形成于传统竞争阶段,阐述企业竞争力的内涵、来源、决定因素、形成机理等议题。在企业经营环境日趋动态化和复杂化的背景下,竞争规则也随之改变,由单体企业间、供应链间的竞争逐步转向商业生态系统之间的竞争。

在商业生态系统竞争阶段,企业竞争力培育和提高呈现新的特征,传统竞争规则下的企业经营策略已经不能适应环境的新变化,竞争战略与策略创新是企业适应新环境的必然选择。

一、零售商业竞争力的概述

(一)竞争力概念

在学术界,竞争力研究主要集中在对竞争力概念和来源方面。关于竞争力的概念,在不同的学者和不同的机构之间,存在着较大争论。由于从不同的角度出发来观察和定义竞争力,自然会形成不同的竞争力分析理论框架和指标体系。国内外关于竞争力的定义主要从以下角度进行界定。

1. 竞争主体的角度

通过对1985年美国总统产业竞争力委员会、世界经济论坛和瑞士国际惯例发展学院等多方面资料研究,认为从国家角度来讲,竞争力就是在自由和公平的市场环境下,生产或提供经得住国际市场检验的产品和服务的同时,保持和扩大其国民实际收入的能力,是一个国家在不出现国际收支平衡困难的情况下,实现诸如收入和就业增长等经济政策目标的能力,是比竞争对手更快提高收入并通过必要的投资将这种优势保持下去的能力;从产业角度来讲,产业竞争力是生产率、销售能力和盈利能力的综合,其实质就是在自由贸易条件下,国家或地区特定产业相对于他国或地区的更高生产率,以及相比较所表现出来的综合发展实力;从企业角度出发,竞争力就是企业能够屹立不倒,向市场提供符合消费者或购买者需求的更多产品,并保持持续盈利的能力,主要内容如表5-1所示。

表5-1　盈利的能力

方面	备注
盈利能力	指这个企业能够在建立和保持市场地位的同时获得利润的能力
市场销售能力	一个国家的企业或者产业在国际市场上销售其产品的能力,或者说是企业在公平、自由、竞争的市场上保持长期、稳定、优势的能力
组织能力	这种组织能力表现为企业在规模经济和范围经济上的差异,是一种组织能力或管理模式上的差异
核心能力	企业真正的竞争力是企业内部存在的一组独特的、难以仿制的、有价值的核心技术和技能

2. 制度角度

通过诺斯《西方世界的兴起》等资料可以看出,一个有效率的经济组织是国家社会经济兴盛的基础。要保证经济组织有效率,需要在制度上做出安排和确立产权,以造成一种刺激,将个人的经济努力变成私人收益率接近社会收益率的活动(所谓正当的经济活动)。竞争力强的国家往往拥有各种各样的制度——不同的法律和组织安排以及经济政策。一个国家的制度质量在根本上决定了其经济成效。兴盛的市场经济最需要的,是那些能够保障个人权利(这种权利可以保证个人及其所创建的企业能够最大限度地通过有效的生产性活动以及互利的交易而获得)的制度。当一个国家的基本制度安排与经济发展相一致时,竞争力才能得以充分发挥。

3. 过程角度

通过大量文献和资料整理,可知竞争力的不同是创新能力的不同,所有竞争优势的来源均可以用创新来解释,所有竞争力的差异均可以通过创新历史或现在的差异来说明。竞争力已经不再主要取决于拥有原材料或劳动力成本,而是主要取决于是否比其竞争者更有能力去创造、获取和应用知识。实际上这一观点是对熊彼特创新理论在竞争领域的发展。从对产业竞争力的微观基础——企业竞争优势的形成与变化的研究中,提出了创新是企业竞争力的根源、创新形成企业的竞争优势的观点。例如,新技术的出现,引出新的产品设计概念、新的市场营销手段、新的生产和运输方式、新的相关服务、新的客户,需求的优先顺序发生重大改变,从而创造出新的竞争优势。

4. 生产要素角度

竞争力是一个国家对流动要素的吸引力。因为在全球经济中,对劳动、资本、技术等要素的吸引力,说明要素在该国的投资回报高,投资回报高自然是以生产效率高、创新能力强为基础的;投资回报高,生活水平也自然高。因此,《世界竞争力年鉴》增加了关于各个国家作为投资地区吸引力方面的指标判断。

5. 管理文化角度

每个社会都有其独特的文化传统和价值观,包括显性的意识形态和隐形的集体意识,它们共同决定着社会的行为准则和人们的理想追求,决定着一个国家经济生活的组织方式并进而影响经济发展的效率和速度。例如,日本传统的文化理念形成了日本企业独特的经营模式,其中集体领导、劳资协作、全面质量管理等常常被认为是日本企业竞争力优势的来源。

关于竞争力的定义,除从上述角度进行思考外,还可以从其他角度加以界定,如:从国际贸易角度出发,可以定义为出口份额及其增长,即在一个自由贸易的环境中,一个国家通过贸易使实际收入的增长速度高于其贸易伙伴,则说明其有竞争力;经合组织(OCED,1986)在《科学、技术和竞争力》一书中提出竞争力是建立在国内从事外贸的企业竞争能力之上的,但又远非国内企业竞争能力的简单累加或平均的结果。概言之:竞争力就是该国出口占世界出口的份额及其增长;再比如从生产效率的角度出发,竞争力就是生产力,因为生产率高的企业、产业或国家必然有竞争力。

(二)竞争力的要素与分类

1. 竞争力的要素

竞争力是一个非常复杂的概念,具有多角度、多层次的含义,可以体现在国家、产业、地区和企业4个层次上。宏观层面的国家竞争力是指一个国家在世界经济的大环境下创造增加值和国民财富的可持续增长的综合能力。中观层面表现在产业竞争力和地区竞争力上,产业竞争力是能以比其他国家的同类产业更有效的方式提供市场所需的产品和服务的能力,是同一属性企业竞争力的集合,是产业内企业能力的差异、产业发展所需资源条件的差异和产业发展环境差异的反映。地区竞争力就是其在所属的区域中吸引资源和争夺市场的能力。由于产业竞争力是地区竞争力的核心,因而地区竞争力是与产业竞争力息息相关的。微观层面的企业竞争力,是指在竞争性市场中,一个企业所具有的能够持续地、比其他竞争对手更有效地向市场(消费者,包括生产性消费者)提供产品和服务,并获得盈利和自身发展的综合素质。

但竞争力就其一般意义而言,也可以看作是两个或两个以上竞争主体在追求一个或多个竞争对象的过程中所表现出来的力量,即竞争力就是竞争主体在竞争过程中所表现出来的力量。

竞争成立需要有以下三个要素:

(1)存在着两个或两个以上利益相对独立的主体。竞争力是竞争主体之间相互比较、较量才有可能存在的一个概念,没有竞争主体之间的相互较量、竞争,也就不存在竞争主体的竞争力问题。如果他们之间的利益不存在独立性,就不会为各自的利益而进行争夺或较量,也就不存在竞争问题。

(2)从竞争主体争夺的竞争对象看,竞争主体的竞争力是对竞争对象的吸引力或获取力,如果没有竞争对象将竞争双方吸引到一起,竞争也是不会发生的。

(3)从竞争的结果看,竞争力是竞争主体最终取得某种利益的能力。在争夺竞争对象的过程中存在着不同利益主体之间的利益再分配。

因此,竞争力有三个层次的含义:一是意识利益独立的竞争主体,即谁和谁竞争;二是竞争对象,即竞争什么;三是竞争结果,即利益或对象最后是如何分配的。只有在这三个命题同时成立的前提下,即竞争关系成立的情况下,才存在着竞争力大小和强弱的问题。

2. 竞争力的分类

从竞争力的范围来看,分为经济竞争力、政治竞争力、社会竞争力与体育竞争力;就经济竞争的市场与形式而言,又可分为平等竞争与不平等竞争、充分竞争与不充分竞争、合理竞争与违法竞争、价格竞争与非价格竞争、国内竞争与国外竞争、国家竞争与地区竞争及国际竞争等。从竞争力的主体角度,可以将竞争力分为国家竞争力、区域竞争力、产业竞争力、企业竞争力等。从竞争对象的角度,可以将竞争力分为产品竞争力、价格竞争力、成本竞争力、生产率竞争力、规模竞争力、出口竞争力等。其中,企业竞争力又可以进一步分为企业产品竞争力、企业价格竞争力、质量竞争力、技术竞争力、市场竞争力。

部分国外学者对竞争力进行了分类，具有代表性的分类方法：一是虚假竞争力是与低工资、汇率变化、补贴出口和高利润相关的竞争力；二是真实竞争力是与技术进步、生产率提高相关的竞争力。1992 年经济合作与发展组织简称经合组织(OECD)将竞争力分为宏观竞争力、微观竞争力和结构竞争力。宏观竞争力是指国家法律、教育、技术层次的竞争力，微观竞争力是指与企业取得市场和增加利润相关的竞争力；结构竞争力是指技术基础设施、投资结构、生产类型、外部性等相关的竞争力。

二、零售商业间的竞争模式

相对于传统竞争阶段，在商业生态系统竞争阶段的企业关系更为多样化，企业间的竞争模式也有别于传统竞争阶段。

(一)商业生态系统的成员关系

在企业竞争阶段，同类型企业之间，或上下游企业之间主要是一种竞争关系。在产业链竞争阶段，分属于不同产业链的企业是竞争关系，而同一产业链的企业之间更多地体现为一种合作基础上的竞争。而进入到商业生态系统竞争阶段，同一商业生态系统成员是互利合作关系，竞争体现在商业生态系统之间，而不是企业之间，即使分属于不同商业生态系统的企业，之间竞争程度也较低。此时，商业生态系统中个体企业的自身竞争力不代表这个企业实际的竞争力，这是由于个体企业在市场中表现出来的竞争力中的一部分来自商业生态系统，因此商业生态系统中相关企业之间的关系呈现多元化状态。

1. 商业生态系统的成员共生关系

企业处在一个资源稀缺的世界里，共生能合理地配置企业间的资源，充分发挥各企业的比较优势。因此，共生既是企业的理性选择，也是生存成本最低、收益最大的生存方式。当然，企业选择与其他企业共生也需要支付成本。在信息不完全情况下，企业间的交易是需要交易成本的。共生可以显著地降低生产成本，但同时也产生了交易成本。

商业生态系统成员的共生关系是以企业为主的一种双向的、动态的、和谐的关系，具体包括：企业与供应商的交换性共生关系、企业与顾客的交换性共生关系、企业与竞争者的竞争性共生关系、企业与互补者的互补性共生关系、企业与投资者及债务者的金融性共生关系、企业与政府的权威性共生关系、企业与其他社会组织的共生关系等。

2. 商业生态系统的成员竞争与互利并存关系

商业生态系统协同进化意味着成员间是相互促进的关系，但协同进化并不排斥竞争。根据哈肯（Haken）的协同论，竞争是系统衍化最活跃的动力。这是因为事物的发展是不平衡的，因此竞争是永存的。虽然竞争导致在某一水平上多样性的降低，但它却为在更高水平上的多样性增加提供了"平台"（platform）。不仅如此，一方面竞争造成了更大的差异，这种差异为系统的自组织进化提供了条件（远离平衡态）；另一方面，竞争又推动系统向有序发展。在一般情况下，两个企业集团间相似度越大，竞争强度越大；当企业系统复杂性、多样化越大，相似度下降，竞争强度减弱。

在商业生态系统竞争阶段，虽然商业生态系统内部成员具有共同利益基础，但他们之间同样存在竞争，即利益分配的竞争。整个商业生态系统创造的价值最终要在成员之间分配，客观上成员之间应根据在价值创造中承担的角色和起的作用大小来分配利益，但在实际操作中很难做到较为科学、合理，因此成员之间为利益分配而进行的竞争经常存在。

此外，当一个商业生态系统中存在多家同类型企业时，这些企业之间存在一定程度的竞争关系。对于零售企业而言，同类产品会有多家供应商供给，这些供应商之间存在竞争关系。这种竞争既有利于零售企业选择最优秀的供应商,同时也会在客观上促进供应商改进产品与服务。

3. 商业生态系统的成员协同进化关系

除了优胜劣汰式的生存竞争外,生命现象还存在共生性、互补性和协同性。在自然生态系统中,捕食对于捕食者和猎物都是一种强有力的选择压力,瞪羚为了不成为猎豹的牺牲品就会跑得越来越快,而瞪羚提高了奔跑速度反过来又成了作用于猎豹的一种选择压力,促使猎豹也提高奔跑速度。捕食者或猎物的每一点进步都会作为一种选择压力促使对方发生变化,这就是协同进化。

在商业生态系统内部,每个成员在自我改善与改造的同时,都必须与系统中其他成员积极配合,实现协同进化。一些最好的高技术公司都是利用投资和建立伙伴关系来促进供应商、客户和配套厂家之间的协同进化。例如,英特尔公司除了对客户进行教育和建立营销渠道外,还同时与提供辅助产品和服务的其他公司合作,同他们订立供货合同,提供工程和其他方面的技术支持,并经常对那些能做出重要贡献使整个商业生态系统受益的公司直接投资。

当英特尔生产出一种新的微型芯片时,个人计算机市场(至少是基于英特尔—微软标准的绝大多数用户)都会做出调整。而新的微型芯片也成了驱动个人计算机发展的引擎;每当英特尔生产出一种更先进的芯片时,个人计算机生产厂商就能够推出功能更强大的计算机,能够让文字处理和电子表格等应用软件做出更多事情;当客户认识到新软件的局限性时,这种增加的期望又为新软件开发和新的芯片研发提供了动力,如此不断循环,就构成了计算机生态系统成员的协同进化。

(二)商业生态系统的竞争模式

在单体企业竞争阶段,企业竞争模式是典型的点式竞争、规模竞争,企业通过在某个方面创新获得的先发优势而领先于同类企业,通过规模经营获得成本优势。在供应链竞争阶段，企业竞争体现在不同供应链之间，以速度竞争为特点。通过供应链成员间的紧密合作，以最低成本和最快速度向消费者提供产品。

商业生态系统是一个复杂多样的系统，具有较强的抵抗力、恢复力和稳定性，其竞争优势很难被竞争对手模仿和学习，能够长久保持。基于对商业生态系统成员间关系的分析，竞争首先表现在不同商业生态系统之间，是典型的网式竞争，强调系统整体的生存力、发展力与竞争力。如果"网"中的"线"被破坏，基本不会影响商业生态系统功能，在"网"自身恢复力作用下，很快恢复原有功能，并在这一过程中积累丰富的抵御外力干扰的经验，增强系统抵抗力与恢复力，提供系统应对竞争的能力；其次，商业生态系统阶段的竞争是群体竞争或共生竞争，共生力强的企业生存力强，共生度大的商业生态系统抵抗力强。由于自然、历史及其他经济因素影响，不同商业生态系统进化程度不同，发展潜力也存在差异。依靠最新的技术、设备以及大量信息的迅速交流，先进商业生态系统发展呈现明显正反馈。另一些商业生态系统由于诞生或生存环境不稳定或恶劣，造成先天发育缺陷或后天进化缓慢。正是由于商业生态系统发展的不平衡性导致不同商业生态系统竞争力的差异。企业加入竞争力不同的商业生态系统决定了企业最终竞争力水平。

商业生态系统协同进化本身就说明最大的竞争是商业生态系统间的竞争，提供或多或少可替代产品和服务的不同商业生态系统之间的竞争更为激烈。

三、零售商业竞争力来源的理论

总结下来，研究企业竞争力来源的理论大致可分为两类：企业竞争力的外生理论和企业竞争力的内生理论。外生理论把企业竞争力的产生及保持归结为企业以外因素作用的结果,认为企业竞争优势是由外部市场中的竞争关系和市场机会决定的;内生理论认为企业竞争力来自企业内部,是企业知识、资源与能力的外在表现。

（一）零售商业竞争力的外生理论

以钱得勒（Chandler）、肯尼斯·安德鲁斯（Andrews）和伊格尔·安索夫（An—soff）为代表经典战略管理理论分析了环境、战略和组织结构之间的相互关系,强调企业经营战略应当适应环境。这一理论是从目前的产业市场出发,要求企业所适应的环境实质上是已经结构化的产业市场环境;同时,该理论只是从企业外部环境来考虑企业竞争战略问题,忽略了企业内部环境分析。

竞争战略理论,即基于"五种竞争力量分析模型"提出获得竞争力的"三种基本战略"及价值链分析工具,从静态和动态两个方面说明了企业竞争优势的来源,及如何培育企业竞争优势。其中,"五种竞争力量分析模型"是将梅森（E.S.Masson）和贝恩（J.S.Bain）范式（结构—行为—绩效:SCP）的产业组织理论引入企业战略管理领域中,形成分析产业竞争力的模型。波特将企业竞争力的来源主要归因于企业的市场力量,认为竞争战略就是在某一个产业里寻求一个有利的竞争地位,企业自身的力量是既定的,企业的战略选择取决于当前企业与外部力量对比位势,从而拓展了企业竞争力来源的视野。

（二）零售商业竞争力的内生理论

20世纪80年代早期的实证研究结果引起了人们对企业竞争力外生论的质疑。根据波特的产业结构理论,同一产业内的企业之间的盈利率差异要小于产业之间的盈利率差异。然而,同产业内企业之间的盈利率差异要比不同产业之间的差异大得多。由此可以推断:企业竞争力并非来自外部市场力量,而应当是存在于企业内部的某些因素在起作用。20世纪80年代以来,研究者们将探索企业竞争力的着眼点转移到企业层面,产生了众多的理论,其中具有代表性的是企业资源基础理论和企业能力理论。

1. 企业资源基础理论

企业资源基础论是一种把企业的特殊资源作为企业竞争力源泉的理论,认为企业资源不仅是异质的,而且是不可转移的,企业竞争力是通过有效的资源配置、开发和保护而得到的,企业"成功的关键因素应当是这些资源"。该理论认为企业之间存在资源位势差,强调企业资源位势的重要性远胜于市场位势,企业长期竞争力来源于其特定的战略资源储备。这一理论的扩展性观点还包括:把协调和有机结合的学识视为主要资源;把人力资本和组织资本视为资源;将社会资本纳入资源体系当中,共同成为决定企业竞争优势的因素。

2. 企业能力理论

企业能力理论是指一种强调以企业生产经营行为和过程中的特有能力为出发点,制订和实施企业竞争战略的理论思想。企业能力理论按产生时间与研究内容侧重点不同,可分为一般能力理论、核心能力理论和动态能力理论。

能力概念最早是由社会学家菲利普·塞兹尼克(Philip Selznick,1957)提出的。"特殊能力"能够使一个组织比其他组织做得更好。20世纪60年代,哈佛商学院一群有影响的合作者认为拥有独特竞争能力的组织有望获得更高的经济绩效,应将公司的资源进行集中,使各种不同的能力转变成竞争优势。如果企业无法有效仿制或复制出优势企业所独有的产生特殊能力的源泉,各企业间具有的效率差异将永远保持下去。

资源和能力可以成为企业竞争优势或高额利润的源泉,超额利润和长期竞争优势与大多数企业都有的资源和能力间并不存在因果关系。基于这些考虑,后来的一些学者对资源基础理论和企业一般能力论进行批判性的继承和发展,将注意力转为研究企业核心能力。

企业长期竞争优势取决于企业核心竞争力。此后,企业界和理论界掀起了研究和培养核心能力的高潮。虽然不同流派所表述的核心能力存在差异,但从不同角度进行研究的结果,丰富、完善和发展了核心竞争力的概念和内涵。

经过长久培养而成熟的核心竞争能力更加具有不可改变性,而对环境反应迟钝。在探寻企业可持续竞争优势来源时,应具有动态观念,没有更新的核心竞争能力,在一定时期后会变成阻碍企业发展的力量,因此,企业应培育和增强动态能力。

无论是资源基础理论,还是企业能力理论都认为与企业外部条件相比,企业内部条件对于企业获得市场竞争优势有着决定性的作用,企业内部资源、能力和知识的积累是企业获得超额利润和保持企业竞争优势的关键。

商业生态系统理论对企业竞争力内外来源进行整合,认为企业竞争力既来自企业内部资源、能力和知识积累,又来自企业所在商业生态系统,是两者共同作用的结果。

企业拥有的资源、能力和知识所形成的竞争力是企业的基础竞争力,它决定了企业能否加入优秀的商业生态系统,以及在所加入的商业生态系统中的地位。对于目标成为商业生态系统主导者的企业来说,其基础竞争力更为重要,它一方面会影响企业能否成为商业生态系统主导者;另一方面也在某种程度上决定其所主导的商业生态系统竞争力的基础水平。商业生态系统成员间是一种一荣俱荣,一损俱损的关系,系统成员间的共生度与协同进化能力是其竞争力的主要来源。因此,商业生态系统在选择成员时的一个重要参考指标就是系统成员的竞争力水平与未来发展潜力,系统成员的优势互补和强强联合是商业生态系统拥有强大竞争力的重要保障。企业加入的商业生态系统优秀程度及在商业生态系统中的地位反过来影响企业最终竞争力水平,企业加入不同商业生态系统,其最终竞争力也会有所差异。

四、零售商业竞争力的构成要素

纵观不同时期研究者对企业竞争力的考查,随着不同时期对企业竞争力来源关注点不同,企业竞争力构成因素大致经历了一个从企业内部经济资源到外部环境,又从外部环境回归企业自身能力的过程。

企业竞争力是一个集合概念,形成企业竞争力的各种要素总是整体性地发挥作用,各种要素之间没有绝对的界限,但是,企业竞争力研究最终是要构建一个具有简明逻辑构造的概念体系和理论框架,将复杂的事物排列组合为可以把握的要素,并且对这些要素及其相互间的关系进行合乎逻辑的解释。根据企业竞争力来源分析,综合国内外学者的研究成果,可以把决定零售商企业竞争力的因素分为以下 4 个组成部分:

(一) 企业生存环境因素

企业生存环境因素由两部分组成:①企业所处的产业环境。企业所处的产业是高盈利、高增长的产业还是低盈利、低增长的产业;该产业在地区竞争和国际竞争中是否具有比较优势;产业竞争环境是否有秩序;②企业面临的经济、社会和政策等宏观环境,包括本企业所在地的人口环境、经济环境、技术创新环境、金融环境、人文环境、政策环境和自然环境等。

(二) 能够保证企业生存和发展的各种"能力"

这些能力包括应变与创新能力、资源配置与整合能力、企业"知识"的应用能力、融资与资本运作能力、综合服务和营销能力、组织协调能力等。

(三) 企业拥有或可以获得的各种"资源"

这些资源具体包括:①企业在市场竞争中与相关企业、机构形成的各种"关系"资源。这些企业包括供应企业、渠道企业、辅助商、需求企业或消费者、同类企业;这些机构包括对企业进行管理的政府机构(如工商部门、税务部门等)、对企业进行舆论监督的媒体公众、影响企业取得资金能力的银行及投资机构等。②区位优势、所在地基础设施、人文环境、商业氛围。③企业人力资源、技术资源、资金资源、组织资源等。

（四）不受企业物质资源限制的"知识"或"学识"

这些"知识"和"学识"本身能够物化为企业"资源"和"能力"，具体包括企业经营理念、竞争战略、管理体制、运营机制、盈利模式、企业文化等。从本质上看，企业"知识"本身也是一种能力。

形成企业竞争力的各类因素在概念的内涵上不是截然相互排斥的，外延上有交叉，相互之间也可能具有可转换性，其基本逻辑关系可以描述为：知识居于竞争力因素的最里层，能力、资源处于较外层，而企业生存环境处于最外层。

商业生态系统理论认为企业竞争力既来自企业内部，也来自企业所在的商业生态系统，因此，企业竞争力构成要素除企业内部资源、能力和知识外，还包括企业外部商业生态系统成员自身的竞争力水平、系统成员间的协调能力、商业生态系统整体竞争力水平等。企业与所在商业生态系统中各成员关系的紧密程度与对企业竞争力影响程度呈正比。一般来说，影响最大的成员是供应商与顾客，两者是企业重要的外部战略资产。供应商与企业之间除了利益分配关系外，更为重要的是基于共同利益的合作关系，任何一方的逆向选择行为都会影响对方的利益，进而影响自身的长远利益；忠诚的顾客不仅能给企业带来持续价值，还可能为企业带来新的顾客资产。

五、零售商业竞争力形成机理模型

企业竞争力生成因素众多，但这些因素不能自发地形成企业竞争力，需要在竞争力形成机制作用下，通过一系列过程才能使它们转化为企业竞争力。这里综合相关学者研究成果，提出基于商业生态系统竞争的企业竞争力形成机理模型。

（一）企业竞争力的形成模型

借鉴世界经济论坛提出的国家竞争力形成模式，可以得出企业竞争力形成过程模型。

形成过程模型的内涵：①企业竞争力硬资源和软资源都不能为零或很小，若一方为零或很小，则另一方即使很大，企业竞争力也会为零或很小。随着科技发展和市场变化，软资源在形成企业竞争力过程中的作用越来越大。②企业竞争力形成是一个动态过程。一方面企业为了形成和保持竞争力要不断创新，进而优化价值链，建立核心能力，否则难以形成竞争力；另一方面企业竞争力是可变的，即在通过竞争力资源和竞争力环境组合的竞争力形成过程中，一个企业可以从竞争优势转变为竞争劣势，也可以从竞争劣势转变为竞争优势。③企业拥有丰富的硬资源和软资源不一定使企业具有竞争力，这些资源只有在市场竞争中，通过持续的创新才有可能转化为企业竞争力。

（二）企业各种能力的相互作用模型

企业竞争力函数式模型没有明确说明环境要素对企业竞争力的影响，企业竞争力形成过程模型虽然考虑了环境要素，但其将所有环境要素均作为影响企业竞争力要素，没有对这些环境因素按其相对重要性进行取舍，缺乏操作性。借鉴相关学者关于企业竞争力形成模型的研究成果，笔者提出基于商业生态系统竞争的企业竞争力形成模型：企业各种能力相互作用模型。

在企业竞争力形成模型中，每个能力单元都是提高企业竞争力的基点。企业创新能力可以被描述为一种四角关系，每个创新能力单元处于四角形的顶点，它们之间用双箭头相互联系，而企业竞争力则处于四角关系的中心，表示它是由四个创新能力单元形成。

由于企业竞争优势很容易因竞争对手模仿而丧失,该模型将创新能力作为形成企业竞争力的关键能力。企业创新能力不是孤立的,它存在于系统生存能力、资源开发能力、管理能力和技术能力的交互作用中。系统生存力是企业在商业生态系统中与其他系统成员的共生能力、协调能力、协同进化能力,以及当企业受到系统其他成员干扰时的自我调节能力。在商业生态系统竞争阶段,系统生存力是企业竞争力的重要源泉。资源开发能力处于创新过程最开始部分,它是指企业开发与扩展其关系资源、人力资源和财力资源的能力。

稀缺性和不可模仿特征将使其成为企业竞争优势的持续性源泉。关系资源既包括企业内部关系,也包括企业外部关系,其中最重要的是企业内部员工、外部客户、供应商的关系。技术能力可使企业获取时间、成本和价格方面的竞争优势,包括技术学习能力、技术开发能力和技术应用能力。管理能力对重塑一个企业的技术基础和资源基础有很强的反作用力,包括组织管理能力、营销管理能力、关系管理能力。

第三节 零售商业竞争力的影响因素

竞争力是一个比较语义上的词,是相比其他竞争主体所表现出来的一种能力,因而其产生和发展均受多种因素的影响。零售业竞争力属于产业竞争力,也是竞争力的一种,其竞争能力的形成必然受制于多种因素,主要有 4 种:宏观经济发展水平、产业发展环境、劳动力状况、体制政策。

一、宏观经济发展水平因素

宏观经济发展水平主要是对一国或地区的宏观经济状况,发展趋势即发展潜力的一种抽象,主要有国内或地区生产总值及其增长率,经济周期,通胀率、利率、税率等。宏观经济不景气会削弱企业竞争力,而产业竞争力则是企业竞争力的集合,因而,宏观经济的发展水平必然对产业竞争力的形成具有极其重要的影响,包括:宏观经济不景气,必然导致市场需求减弱,对零售业尤其如此;经济不景气,企业效益不好,亏损甚至破产倒闭,必然导致失业率上升;国民收入水平下降,进而人们缩减开支,消费水平下降,于是市场需求降低,直接面对终端消费者的零售业便首当其冲。

二、产业发展环境因素

产业发展环境主要是指基础设施环境、社会文化环境和国际化环境。基础设施环境是影响产业发展的重要因素,基础设施水平直接影响产业的发展水平。基础设施环境主要体现在交通网络,运输工具,信息传递渠道等,零售业的发展越来越重视商品配送的速度和效率,也即对物流运输的要求提高,并且对此的依赖也不断增加,因此,交通运输及其配套设施对零售业竞争力的提升至关重要。

社会文化环境主要有科技实力与水平、教育、文化和价值观念、社会保障等因素。知识经济是以现代科学技术为核心的,建立在知识和信息的生产、交换、分配和消费之上的经济,是以科技创新的速度、方向决定成败的经济。文化和价值观念是一个国家的人们对行为规范的看法和态度,它能对一国的企业和产业的竞争力以及财富创造方式产生重要影响,因为它决定了经济活动的目标和方式的选择,决定了经济活动的优先顺序。国际化环境主要包括对外开放度、进出口贸易、国际资本流动、汇率等因素。经济全球化是不可遏止的历史发展趋势,当今世界各国的经济在不同程度上都是开放经济,企业与产业必须考虑这一事实。

三、劳动力状况因素

人力资本对经济增长的贡献远比物质资本的增长重要得多。尽管劳动力要素的概念比人力资本更为宽泛,然而作为产业投入要素,其对区域产业竞争力特别是零售业这样一个劳动密集型的产业而言,有着关键意义,高素质的劳动力资源已成为现代竞争的制高点。这里的劳动力状况包括劳动力质量和数量。劳动力质量是一个综合的概念,包括劳动力的身体素质、思想观念、文化、科学和技术素养等。

劳动力现代化是产业现代化的基础,劳动力的思想观念与科技素养直接影响区域产业竞争力的形成。在知识经济背景下,劳动力质量是影响区域产业竞争力最深刻、最重要的因素。劳动力数量对于产业竞争力的影响主要取决于人口数量与区域产业的结合程度。在一定生产力水平条件下,众多的人口、丰富的劳动力资源可以成为产业发展的动力,作为消费者,人口是一种潜在的需求源泉,众多的人口是构成广阔消费市场的重要条件。

四、体制政策因素

体制政策因素属于影响产业竞争力的外部环境因素,当然并非是孤立的。产业竞争力的强弱除了受上述因素的影响外,还取决于一国的经济体制和政府产业政策。体制制度的主要因素有政治经济制度、政府行为与政策、市场机制与市场体系、法律体系等,其可以通过影响企业的竞争力进而影响产业竞争力,推动或抑制经济增长,因为其通过影响人类的选择行为,从而使制度的变化具有改变收入分配和资源使用效率及激励创新的潜在可能性。

第四节　数字经济背景下浙江省零售商业发展状况

进入 20 世纪 90 年代后,浙江省社会消费品零售总额继续保持稳定而强劲的增长趋势,其规模不断扩大。近年来,浙江省不仅社会消费品零售总额和零售业产业增加值保持平稳的增长势头,其规模不断扩大,其零售业的行业绩效水平也在不断得到改善。

无论是消费品零售总额的迅速增长,还是零售业产业增加值的不断增加,都离不开对整个零售行业源源不断的投入。正所谓没有投入就不会有产出,不断投入而形成的资产总额是零售业得以持续稳定快速发展的基础。

一、零售业态多样化特点

浙江省各地除了传统的百货商店、食品商店、超级市场等零售业态外,各大、中城市还普遍推出了家居中心、便利店、精品店、仓储式商店、会员制俱乐部、专业商品市场等多种零售业态。与此同时,邮购、电话购物、电视直销、自动销货、网上购物等各种新型经营业态,也随着邮电、通信、电子信息技术的发展而日渐增多。浙江省零售业在其发展历程中,随着经济发展,人们生活水平的提高,消费需求的多样化,其经营业态也在不断与时俱进,不断丰富,呈现多样化发展的态势。

二、连锁经营为主的现代营销方式稳步发展

连锁经营是近年来出现的现代流通崭新的营销组织方式,这种组织方式把原来垂直链条型的组织结构转变为扁平网络型的组织结构。通过直营连锁、特许经营连锁和自由连锁三种形式,实现了流通组织结构的网络化,

低成本扩张企业规模，加速了资本和资源的集中过程，提高了流通企业的组织化、集约化程度，实现了规模化经营、科学化管理和标准化服务，从而达到了经济学家所追求的效用最大化。连锁经营适用于多种零售业态，如百货商店、超级市场、便利店、专卖店等。近年来，浙江省的连锁经营得到了长足发展，经营规模不断扩大，销售份额不断提高。

三、物流与信息技术的引进

零售业的特点决定了其对物流系统及信息技术的高度依赖，后者的快速发展是前者迅速增长的基础和助推器，没有物流系统的完善和信息技术的进步，零售业的发展将会受到极大的限制。近年来，浙江省在积极运用物流技术和信息技术，在整合供应链资源、提高运作管理水平、降低流通成本等方面，取得了比较明显的成效。浙江零售企业，特别是大、中型企业为增强竞争力，纷纷加大投入，新建、改建、扩建商业设施，引进 POS 系统、条形码技术、信用卡等现代化管理手段，还相应地建立了电脑网络管理系统，提高了零售业的现代化服务标准。

第六章

浙江省零售商业竞争力外生平台与内生平台研究

第一节　零售企业商业生态系统的形成与运行模式分析

在动态、复杂的经营环境下，保持和提高企业竞争力已经不再是单一企业的事情，如果仅仅强调自我利益实现，企业最终会走向发展的极限和瓶颈。因此，构建商业生态系统是企业在新竞争环境下提高竞争力的重要途径。

一、零售企业商业生态系统形成与运行条件

零售企业商业生态系统形成与运行需要具备诸多条件，这些条件可分为两类：一是商业生态系统形成与运行的假设条件；二是商业生态系统形成与运行的现实条件。

（一）商业生态系统形成与运行的假设条件

1. 资源稀缺假设

如果企业可支配和使用的资源是充分的，建立商业生态系统也就失去

了意义。正是由于资源稀缺,必须建立商业生态系统:首先,与系统成员分工协作,提高各个成员企业稀缺资源的使用效率;其次,借助商业生态系统来共享系统成员的稀缺资源。

2. 经济人假设

企业是为了利用有限资源创造尽可能多的利益的经济实体,而建立商业生态系统是企业追求利益最大化的理性选择。

3. 理性递增假设

有限理性理论认为,由于经济行为主体的知识、计算能力、时间和注意力、想象力和设计能力以及价值取向和多元化目标往往相互抵触,决定了经济行为主体是有限理性的,不可能追求利益最大化。根据博弈理论,企业间信息不对称常常导致企业间的不合作。但博弈论的假设与现实情况存在冲突,在现实中,信息虽然不可能达到完全对称,但信息是可以传播的、知识是可以积累的、企业是善于学习与总结经验的,因此,企业的理性程度是递增的,企业间存在合作的可能性。

(二)商业生态系统形成与运行的现实条件

1. 外部环境要素的形成条件

任何一个商业生态系统都是其所在更大系统的子系统,其形成与运行都要遵循大系统的运行规则。因此,商业生态系统的建立和平衡发展离不开健康的外部环境系统,外部环境要素是商业生态系统构建和稳定运行的支撑性条件。商业生态系统的外部环境包括经济、政治、法律、社会文化、技术等。其中,经济与技术条件为商业生态系统建设提供硬件基础;社会文化系统为商业生态系统建设提供软件基础;政治与法律环境为商业生态系统建设提供制度与法律保障。

从目前我国零售业发展环境来看,经济与技术环境已经达到建立商业生态系统要求,而政治与法律环境有待完善。在建立商业生态系统过程中,需要作为经济活动管理者和协调者的政府和行业协会为商业生态系统建设提供应有的经济运行机制,即政府通过经济、法律和行政手段校正市场扭曲和市场缺陷,为商业生态系统建立和发展提供良好的法律和体制保证;行业协会等"桥梁"部门为商业生态系统的平衡发展提供必要的硬件要素以及制度和运行体制等方面的软件要素。同时,商业生态系统虽然是一个经济系统,但其形成与运行同样离不开健康的社会文化环境。

实现商业生态系统可持续发展还要考虑商业生态系统与社会生态系统以及自然生态系统的协调发展,即商业生态系统、社会生态系统和自然生态系统三个方面应相互联系、相互适应、相互制约,共同组成一个可持续发展的系统整体。

2. 内部信任机制的形成条件

商业生态系统是一个相对松散的战略联盟组织,系统成员在客观上存在利益问题,但从应对动态、复杂的竞争环境来说,系统成员又必须进行战略合作。商业生态系统成员的相互信任比事先预测、依靠权威或进行谈判能更快、更经济地减少商业生态系统的内在不确定性,改善商业生态系统绩效。因此,系统成员间的信任是构建商业生态系统的关键性原则。

在现实中,商业生态系统成员由于短期行为或企业私利,有可能存在逆向选择和道德风险。商业生态系统成员间的相互信任不能仅靠系统成员的自觉与自愿,还要以制度作为保证,即商业生态系统要有健全的信任机制,这个机制包括必要的技术和相应的协议。这样,商业生态系统就可以通过增加逆向选择成本和建立严格的惩罚机制来约束系统成员行为,使其不会轻易损害生存系统。

3. 系统运行模式的形成条件

商业生态系统成员的逆向选择主要源于信息不对称。在商业生态系统中,由于对成员评估是以其认准行为为基础,而成员是否会采取机会主义行为是私人信息。如果成员在加入商业生态系统后采取机会主义行为,就会造成"逆向选择"问题。为了减少逆向选择影响,商业生态系统应采取开放的运行模式。

首先,商业生态系统应建立成员信息库,尽可能掌握更多成员企业信息,保持成员之间和系统与外部环境之间适量的信息交换,保证信息的双向互动性;其次,按照"适者生存"原理,在合作基础上,建立商业生态系统成员之间的竞争机制,以便选择对商业生态系统最有利的成员,剔除无效成员;最后,增加商业生态系统对成员的监督力度,加大惩罚成本,减少机会主义收益,增加"逆向选择"的代价。

此外,随着经济发展和社会进步,已经建立的商业生态系统需要在运行中不断调整,以适应市场发展需要;否则,商业生态系统收益将会出现递减,优秀的系统成员将会流失。实际上,正是这种开放运行模式所形成的竞争机制使商业生态系统不断淘汰劣种,吸纳优种,保持商业生态系统强大的生命力。

4.价值链与供应链的形成条件

商业生态系统是在动态、复杂的竞争环境下,在行业供应链与价值链充分发展的基础上形成的网络组织,它相对于链式组织模式更具有生命力和竞争力。因此,建立商业生态系统的条件之一是具备相对完善的价值链和供应链。经过多年的发展,我国一部分零售企业已经形成较为完善的价值链和供应链,这为形成以零售企业为主导者的商业生态系统提供了较好的前提条件。

5.共同利益体的形成条件

商业生态系统提供给企业一个提高市场竞争力的机会,而这一机会的实现需要成员遵守商业生态系统游戏规则,通过共生合作形成共同利益体。为了保证利益共同体的发展,创造协同效应,商业生态系统的每个成员均应对系统进行适当的专业性投资和成员间的相互投资,形成成员间的相互监督机制。商誉可以决定一个企业的生命力,而商业生态系统同样需要商誉维系成员关系。因此,应建立和提高商业生态系统商誉,通过增加成员机会主义行为成本的方式防止机会主义行为。

6. 核心竞争力与强大的协调能力的形成条件

任何一个组织都有显性或隐性的主导者,组织成员之间不可能也不能完全平等。虽然商业生态系统的类型有多种,但商业生态系统的健康运行离不开一个强有力的主导者。商业生态系统主导者要有自身的核心竞争力,能够正确确定商业生态系统发展方向,影响和引导上下游企业行为,在同行业竞争中处于领先地位,以协调商业生态系统内部成员关系,领导商业生态系统成员共同进化和健康发展。

从总体实力上来说,我国零售企业与国际零售巨头还有较大差距,但已经初步具备领导商业生态系统的实力。例如,家电零售业中的国美、苏宁、三联,超市连锁中的百联集团,以及百货连锁中的大商集团等,这些零售企业的店铺网络遍布我国大多数中心城市,品牌优势明显,它们借助本土优势及政府政策支持,未来发展空间更大,完全有能力成为商业生态系统的主导者。

在以上商业生态系统形成与运行条件中,零售企业可以做到的是完善企业价值链与供应链,形成企业核心竞争力和强大的协调能力;零售企业可以参与和影响的是与其他商业生态系统成员形成利益共同体,健全系统内部信任机制,以及采取开放的运行模式;而健康的商业生态系统外部运行环境是任何一个企业都无法控制和影响的,这是形成商业生态系统的前提条件。

二、零售企业商业生态系统的组织结构及运行模式

零售商业生态系统作为一个松散的组织形式,其组织结构和运行模式

的优劣会影响组织效率,进而影响整体系统竞争力水平。通过评价现有商业生态系统的组织结构和运行模式,选择适合我国零售企业实际的商业生态系统的组织结构及其运行模式。

（一）商业生态系统的组织结构

商业生态系统组织结构有三种基本类型:对称型、非对称型和混合型。这三种零售商业生态系统组织结构类型各有其适用背景和优势。

1. 对称型

在对称型商业生态系统中,各成员企业以平等市场交易为主,不存在最高管理层级,形成组织扁平化效果。这种扁平化与企业内部组织扁平化不同的是,它不是"中层革命",而是一种"高层革命"。以零售企业为例,如果选择对称型商业生态系统组织结构,零售企业与生产商、供应商、物流商等商业生态系统成员之间的协调不是靠商业生态系统高层管理者命令,而是通过成员之间的协商,这种合作机制使每个成员都会自觉地以商业生态系统利益最大化作为行为准则。

2. 非对称型

非对称型商业生态系统是以某一大型企业为主导者,众多中小企业在其周围形成一个商业生态集群。其中,大型企业在商业生态系统中处于支配地位,而中小企业处于从属地位。大型企业专注于核心业务,而将其他非核心业务外包给中小企业;众多中小企业按照定制要求为主导企业提供专门化产品或服务。

3. 混合型

混合型商业生态系统是对称型商业生态系统与非对称型商业生态系统的混合形式,它兼具以上两种类型商业生态系统特点,系统内既有横向的物质和信息联系,又有纵向的物质和信息联系。

混合型商业生态系统的组织结构是基于供应链管理,适应信息技术发展而形成的网络结构。众多大、中、小企业共生杂居形成多个中心组织,这些中心组织通过协调合作,共同提高群体竞争优势或区域竞争力,从而实现共赢。

上述三种类型组织结构是否能降低交易费用和组织运行成本在内的综合成本,是否能增强组织之间协同效应以及能否提高群落竞争优势,是确定评价商业生态系统组织结构合理性的主要标准。在理论上,可以从组织强度、稳定度和适应度三个维度对以上三种组织结构进行粗略评价。其中,组织强度表现为组织解决问题的能力;组织适应度表现为组织对环境的适应性;组织稳定度表现为企业集群内各单位组织权利和利益分配与制约的对称性和均衡性。

从以上三种组织结构特点来看,对称型商业生态系统组织的稳定性较好,因为系统内企业按供应链方式前后衔接,它们之间是平等的市场交易关系,各系统成员权利对称,利益分配均衡。非对称型商业生态系统组织对环境的适应能力较强,这是由于大型企业是根据特定经营目标,将任务分包给外围企业以组成临时性项目团队,成员企业间是动态的协作关系,这种合作模式使非对称型商业生态系统组织具有高度的灵活性和市场应变能力。但是由于外围企业对主导企业依赖过强,这种地位的不对称使得非对称型商业生态系统组织的稳定性不如对称型商业生态系统;混合型商业生态系统组织是基于信息技术的网络组织,其信息沟通、组织间协调较好,如果遇到组织间的摩擦和冲突问题时易于解决,而且这种组织对问题的系统思考和整体把握都较前两者强。在稳定性和适应性方面,混合性商业生态系统介于前两者之间。

(二)商业生态系统的运行模式

商业生态系统是一种典型的专业化分工系统,与以上三种组织结构相对应,从价值链创造角度可将其运行模式分为链状模式(价值链集成)、倒树形模式(价值链分解)和网状模式(价值链系统)。

1. 链状模式

链状模式是指对称型商业生态系统内各企业按照供应链方式逐级增加产品价值,推向市场的最终产品价值是各个环节价值的集成。单个供应链生态子系统在一起组建商业生态系统,其成员来自相关企业群,如供应商群、物流商群、零售企业群等。整个共生企业群以顾客为中心共同为系统创造价值,其运行模式类似链条形状,故称链状模式。

2. 倒树形模式

倒树形模式是指非对称型商业生态系统内的主导企业识别到市场机会后,将整个虚拟价值链分解,自己只负责核心环节,而将其余环节外包给合作伙伴,最后由自己整合合作伙伴创造价值的运行模式。

3. 网状模式

网状模式是混合型商业生态系统运作模式,它既包含价值链集成链状模式,又包含价值链分解倒树形模式,各企业协同合作共同为价值链系统服务。混合型商业生态系统的外在表现就是一簇簇大小交叉的供应链。在系列供应链中众多企业以契约方式网状交织在一起。各企业价值链融合到供应链企业的价值链之中,形成商业生态系统价值链系统。

从目前我国零售企业实际运行情况及在产业链中的地位来看,混合型商业生态系统是比较适合的选择。少数零售企业具有与大型供应商平起平坐的实力,可以形成对称型合作关系,而更多的供应商无法与零售企业抗衡,只能采取非对称型合作关系。因此,构建的以零售企业为主导者的商业生态系统将兼具对称型和非对称型的组织结构特征,是一种混合型商业生态系统组织结构。

对应于混合型商业生态系统组织结构,以零售企业为主导者的商业生态系统运行模式为网络状模式。在这一模式中,零售企业是商业生态系统的主导企业之一,大型生产商和供应商与零售企业是对称关系,而更多的生产商、供应商和物流商与零售企业形成非对称关系。零售企业通过分解和整合商业生态系统价值链,领导商业生态系统成员共同为顾客创造价值,提高商业生态系统及其成员的市场竞争力。

三、零售企业商业生态系统形成模式

(一)形成差异化的资源与能力

加入商业生态系统是一个双向选择,不仅要考虑目标商业生态系统对企业未来发展的影响,还要考虑目标商业生态系统选择成员的标准。生态学中的竞争排斥原理和生态位分离等概念说明:在同一环境中能够共存的物种不可能对生态要求完全相同。与自然生态系统相似,若商业生态系统成员之间存在一定的相似性,必然会形成竞争关系。

一般来讲,两个企业相似度越大,竞争强度越大,而商业生态系统成员之间过度竞争很可能导致系统效率下降。因此,这一阶段的主要任务是使企业具备成为商业生态系统成员的条件,即形成差异化的资源与能力,填补目标商业生态系统中的生态位空缺,或替换商业生态系统中的瓶颈成员,找到最能发挥企业价值的位置。要做到这一点,必须分两步走:一是集聚资源,使企业成为具有增值潜力的资源体,这决定了企业的生存力;二是提升能力,使企业形成有别于竞争对手的差异化能力,这决定了企业的发展力。

企业不是一个简单的物质集合,而是一个具有升值潜力的资源体。企业不仅能够在运营中升值(这是企业发展的内在动力),为未来发展创造更大的空间,而且也为与目标系统中其他成员合作提供了可能性(这是企业发展的外在拉力),即企业要对目标商业生态系统有价值,才能被系统接纳。把企业塑造成一个资源体有两种方式:一是完全靠自我积累;二是以企业内部优势资源整合外部资源。无论哪种方式都要涉及选择资源的标准和各种

资源之间的匹配。企业要选择具有稀缺性、增值潜力大、运行成本低、与企业现有资源融合性强、通过资源整合后能形成新的能力的资源。在这些标准中资源稀缺性和资源匹配性尤为重要。

　　资源价值有两重性：资源自身价值，表现为资源的使用价值，这是资源的普遍属性；资源稀缺价值，表现为资源的市场价值，这是资源的个别属性。在积累或整合资源时，应保持新资源对企业和企业要进入的商业生态系统的稀缺性，只有相对稀缺的资源，才是企业建立竞争优势的源泉。从理论上讲，企业中各种资源的匹配，可能会产生以下效果：①"1＋1＞2"的效果，即两种资源结合后使企业具备新的能力，这是最佳效果；②"1＋1＝2"的效果，即两种资源结合后，没有产生新的合力，仍然各自发挥作用，此时的资源匹配价值为零；③"0＜1＋1＜2"的效果，即两种资源整合后，不仅没有产生新的合力，反而限制了各自能力的发挥，产生内耗效应；④"1＋1＜0"的效果，即两种资源结合后，不仅丧失原有各自的能力，还产生了负效应。企业集聚资源的目的是产生第一种效果，因此在选择资源时，必须重视新资源与企业已有资源之间的匹配增值问题。

　　企业在合理匹配资源后，还需要根据企业发展要求及外界环境变化，对企业集聚的资源进行优化管理，及时吸收高效率、低成本、匹配的新资源，淘汰低效率、高成本、不匹配的旧资源，使企业始终保持相对最低的运行成本和最高的运行效率，即保持资源体的动态均衡。

　　将企业塑造成一个资源体，仅仅是具备了加入目标商业生态系统的基本条件，还不能保证会被商业生态系统接纳。企业应在具备生存力的基础上发展各种能力，如决策能力、组织能力、研发能力、生产能力、管理能力、营销能力、影响能力等。这些能力的综合作用最终应形成企业对外的辐射力和对内的凝聚力。对于企业来说，能力比资源更重要。无论是"物"性资源，还是"人"性资源，都具有"静态"属性，拥有资源仅仅是具备了创造价值的可能性,资源只有在使用过程中才能创造价值,如何让有限的资源创造更大的价值,在很大程度上取决于企业各方面的能力。

企业的任何优势都来自差异性,企业集聚的资源和形成的能力也要具有异质性。当企业由于垄断优势或先发优势而具备其他企业缺乏的资源时,就会在市场竞争中形成独特的竞争优势;当企业缺少异质资源,不具备异质能力时,通过与其他企业资源配置和使用,同样可以创造竞争优势。从系统论的角度来看,改变系统功能有两种方式:一是在系统内部结构不变的情况下,改变输入要素;二是在输入要素不变的情况下,改变系统内部结构。前者说明一个企业资源差异带来的竞争优势,后者说明一个企业能力差异带来的竞争优势。因此,"物竞天择",差异化适应者生存。

（二）加入商业生态系统

目前所形成的商业生态系统有两种类型:一是自发形成的松散的商业生态系统;二是有意识建立的比较严谨的商业生态系统。事实上,每个企业一诞生就有可能是一个或几个商业生态系统的成员,但这里所说的加入商业生态系统是指企业有意识选择一个对未来发展有利的商业生态系统。

1. 企业经营加入商业生态系统的动因分析

企业经营环境变化迫使企业寻求新的竞争策略,而具有独特优势的商业生态系统可以使成员企业获得更大的利益。因此,无论是从主观角度还是是从客观角度,加入商业生态系统都是企业发展的必然选择。

（1）企业加入商业生态系统的主观原因:第一,借助商业生态系统提升个体生存力。在自然界中,恶劣的生存环境使很多动物难以独立生存,大多数动物过着群居生活,这种群居不仅体现在同类动物中,也存在于非同类动物中,它们之间形成了互助的生态关系。通过群体共同保护生存领域,增加食物供应,提高繁殖成功率和降低被捕食的危险,所有这些利益超过了共同保护领域的代价。同样,由各类组织和个人形成的商业生态系统成员必须为共同利益而合作,以促使群体共同进化。零售企业的扎堆经营、制造企业的产业集群现象均源于这一动因。根据系统论中"整体大于局部之和"的原理,众多企业和个人组成的商业生态系统具有个体企业所不具备的特征和优势(成本优势、信息优势、规模优势等)。因此,虽然这些系统的形成多是自发的,系统成员之间的关系也是松散的,但群体企业的整体生存力要远大于个体企业的生存力。

第二,借助商业生态系统提高企业市场竞争力。在市场经济条件下,企业之间的竞争不再是简单地消灭对手,而是通过提高与其他行为主体之间的共生度而获得自身生存空间,此时决定一个企业竞争力高低的主要因素来自系统共生力,即企业与其他相关企业互通有无、相互需求、相互依存的能力。在这种竞争态势下,独生企业难以生存和发展,企业必须成为某一商业生态系统成员,当内在发展动力不足时,可以借助系统成员之力带动企业发展。当然,企业能否借助外力及借助外力的程度,取决于企业对系统成员的吸引力和整合外力的能力。当系统成员成为某种程度上的利益共同体时,他们之间的关系将由纯粹的竞争关系转变为竞合关系,甚至是合作关系。当新的竞争者对企业造成威胁时,同时也就成为整个商业生态系统的入侵者,应对竞争的不再是企业个体,而是整个商业生态系统。

第三,加入商业生态系统以获得群体经济效应。这里的群体经济效应是指商业生态系统成员通过共生、互补可以削减或消除资源瓶颈,减少交易成本,并降低创新风险,进而达到协同进化效果。企业参与某个商业生态系统,将使其能够使用超出个体企业组织边界的资源,得到研发(research and development,R&D)溢出收益、知识溢出收益、资源与信息共享收益、技术与基础设施共享收益等。企业间的有机结合不仅能够解决原来个体企业无法解决的复杂问题,而且还会产生个体企业所不具有的新能力。例如,美国的沃尔玛公司与宝洁公司通过共享商品销售信息及顾客需求与偏好信息,整合 ERP 系统和建立持续补货系统,提高了物流配送效率,有效地降低了流通成本,增强了合作双方整体竞争力。

在商业生态系统中,一个企业的选择往往决定了另一个企业的变化,甚至会导致整个系统做出适应性反应。每当英特尔生产出一种更先进的芯片时,计算机生产商就能够推出功能更强大的计算机,能够让各种软件具备更多的功能。当客户认识到新软件的局限性时,通过系统的传导机制促使系统成员做出适应性反应,催生新一代芯片。如此不断循环,构成了计算机商业生态系统的协同进化。此外,相关企业间形成商业生态系统,也为学习系统成员的知识和能力,特别是隐性知识提供了可能性。因此,健康的商业生态系统本身就是一个具有竞争力的学习型组织。

第四,借助商业生态系统充分满足消费者需求。超分工整合是知识经济时代的重要特征,企业不仅要在垂直分工基础上进行整合,还要在水平分工基础上进行整合。要做到超分工整合必须建立相关企业间的统一标准和进行专精管理,根据自身特点和优势选择企业生态位,并在所选生态位内做到最好。超分工整合源于对消费者需求全方位和全过程满足。由于企业无法独立为消费者提供全套优质产品,并全面满足消费者需求,因此必须与相关企业密切合作,组成一个相互支撑的网络系统,共享相关产品、服务和技术等,即形成商业生态系统。

(2)企业加入商业生态系统的客观原因:企业是一个具有生命体特征的开放系统,其加入商业生态系统是面对动态化和复杂化经营环境的理性选择。因此,加入商业生态系统的客观原因可以归结为以下方面:

第一,经营环境的动态化与复杂化。如果企业面临的是一个成熟而稳定的产业竞争环境,企业可以通过控制和占有相关资源来获得最大价值,没有必要加入一个商业生态系统;如果企业面临的竞争环境变化迅速,外界对企业经营干扰很大,企业必须考虑加入商业生态系统,通过与系统成员资源共享,共同进化,借助商业生态系统成员力量提高企业竞争力。目前我国零售企业所面临的是一个日益动态化与复杂化的竞争环境,传统的竞争战略与环境新变化已经不相匹配,因此,需要进行竞争战略调整,以商业生态系统竞争战略应对动态与复杂的竞争环境。

第二,企业的生命体特征。企业具有明显的生命体特征,这些特征就是生态学所研究的生命体共生、均衡、成长、竞争、自组织、自适应和进化现象。为了更好地适应环境,企业必须与环境一起进化。正如生命不能离开其生存环境一样,企业发展也不能脱离其所在商业生态系统。因此,形成以零售企业为主导者的商业生态系统是零售企业提高竞争力的重要途径和手段,企业应以生态学思维去规划企业发展进程,以及与其栖息的商业生态系统的互动关系。

第三,企业是一个开放系统。系统运行必然"做功",从而产生熵。在耗散结构中,正熵流与负熵流为独立流,而总熵流等于正熵流与负熵流的代数和。系统运行中会产生正熵,从而消耗系统自身的自由能,需要不断地有自由能补充;一旦有新的能量输入系统,系统中就会有负熵生成,这些负熵给予系统的补偿,使系统有足够的能量维持做功的延续。将熵的思想引入企业管理中,得到管理熵的概念,是指任何一种管理的组织、制度、方法等,在相对封闭的组织运动过程中呈现出有效能量逐渐减少,无效能量不断增加的不可逆过程,即组织结构中的管理效率递减规律。企业是吸收外界信息、能量、原材料,并把它们转化成价值增值的产品和服务的开放系统,时时与其商业生态系统进行着物质、能量、信息交换。企业系统做功,产生了管理熵,也就耗费了自身的自由能,因此就需要有持续不断的自由能补充。

企业的投入产出随着行业的变化而不同,钢铁行业,原材料和能源占据主导地位;计算机软件行业,信息是最重要的资源。企业通过利用自身的人力资源、信息资源、资本和原材料,在对外"做功"的同时,把上述资源和能量转移并储存在产品和服务之中。所以,在考查企业的熵流时,需要对企业正熵流与负熵流进行分析。

企业的负熵是为了抵消正熵带来的不稳定性,从而维持企业管理的秩序与企业本身的存在。在企业中,正熵的生成在某种程度上带有自发性与主动性特征,甚至可以认为,在企业之中,正熵的产生是企业运转的一个必然结果;只要存在企业经营管理,就一定会产生不利于维持企业经营管理秩序的正熵。但企业负熵的产生却并不如此。企业要想生成用于抵消正熵并以此来强化企业管理秩序的负熵,则必须依赖于人为因素的强制作用。也就是说,企业只有借助于从外界人为地施加压力,才有可能在企业内部形成负熵流;或者企业被动地从外部引入负熵流。负熵带有明显的强制施加性,必须借助管理制度与强有力的制度执行保障体系。在这一点上,负熵与正熵有着显著的差异。

在企业中,管理的任务在于尽可能避免正熵的增加,消除一切可能导致企业正熵增加的不利因素。当企业出现正熵的增加时,管理者应采用适当的方法在企业内部生成或从企业外部引入负熵流,以维持企业这一耗散结构的稳定。企业不可能脱离商业生态系统而生存,永远要受商业生态系统的制约,这不取决于企业的主观意愿。因此,为了企业的稳定发展,必须持续不断地从商业生态系统中引入负熵流。

2. 企业选择目标商业生态系统的标准

在选择目标商业生态系统时,既要考虑企业利益,又要考虑商业生态系统对企业要求。从企业角度来看,要加入的商业生态系统必须对企业有价值,有助于企业成长,由此决定企业是否要加入这一商业生态系统;从商业生态系统角度来看,要加入的企业对商业生态系统是否有贡献,是否有助于系统的协同进化,由此决定企业能否被系统接纳。在可能被目标商业生态系统接纳的前提下,企业还必须考虑:①企业长远利益和发展战略与目标商业生态系统发展目标是否一致；②企业目前的优势领域是否是目标商业生态系统中的劣势领域，企业的加入是否能改变商业生态系统的劣势，若具备这一条件，不仅会增加被商业生态系统接纳的可能性，同时也使企业具备将来成为商业生态系统重要成员，甚至主导者的基础；③根据企业对资源的利用情况及对外部经营环境的适应能力，确定在目标系统中最能发挥其特长的生态位；④与目标系统中已有的居于相似生态位的成员相比，是否拥有更大的竞争优势。

选择目标商业生态系统不可能一步到位，企业必须通过参考多个商业生态系统业务活动，在实际运行中确定最适于企业发展的目标系统。需要注意的是，当企业加入某个商业生态系统后，要跟上商业生态系统演进的节奏，其发展速度必须与系统保持一致，否则就有可能被系统淘汰。同时，作为商业生态系统成员，企业发展状况不仅仅取决于自身的资源与能力，商业生态系统整体的现状及发展潜力在很大程度上决定了个体企业的发展前景。

（三）商业生态系统的重要成员

加入适于企业发展的商业生态系统是提高企业竞争力的第一步，保证企业生存也只是最基本的目标，企业的最终目标是获得可持续发展能力。为此，企业要不断增加对其他商业生态系统成员及整个商业生态系统的价值，使这些商业生态成员逐步形成对本企业的依赖，当这种依赖达到一定程度时，企业将成为系统中不可缺少的重要成员。

商业生态系统是一个不断调整优化的动态开放系统，具有自积累、自组织、自优化特性。商业生态系统在运行中不断吐故纳新，以保持最优状态。当企业成为系统中的重要成员时，不仅系统成员对其依赖程度增加，而且在系统调整优化中被替代的概率也会降低。当然，商业生态系统成员之间的黏合度越大，系统合力也越大，这也是商业生态系统的目标之一。

商业生态系统成员对本企业的黏合度越大时,对本企业越有利,能提高企业在商业生态系统中的地位;当本企业对商业生态系统成员的黏合度越大时,对企业越不利,企业发展受制于系统其他成员,在系统进行优化组合时,有可能成为被淘汰的对象。所以企业应采取恰当的措施调整商业生态系统中的生态位,打造独特的核心优势,使系统成员在某一(某些)方面形成对本企业的依赖,如技术依赖、渠道依赖、资金依赖等,以提升企业在系统中的地位。

(四) 以企业为主导者的商业生态系统

企业目标不是成为一个行业的领导,而是一个商业生态系统的主导者。任何组织都是具有权威性的,组织规则也是在主导成员的意志下制定,体现了主导者的意图,保护主导者的利益。同时,任何组织都不可能做到完全公平,公平在很多时候是组织的目标而不是现实。不论是紧密的商业生态系统,还是松散的商业生态系统,都是一种组织形式,具有权威性。如果仅将企业定位于商业生态系统的普通成员,则在很大程度上不能按照自己的意图来规划企业未来发展战略,也难以真正保障企业利益。所以,制定商业生态系统竞争战略最终目标是要成为系统的主导者,通过所主导的商业生态系统达到仅靠企业自身无法实现的目标。这样,企业才有可能具备长期竞争优势。

由于商业生态系统竞争战略受到与系统成员复杂关系的制约,根据实际情况,形成以本企业为主导者的商业生态系统,既可以通过已有的商业生态系统实现,也可以建立全新的商业生态系统。如果企业本身所在商业生态系统很有发展潜力,商业生态系统成员是一个优秀团队,企业就可以通过与其他系统成员的长期合作,在系统成员形成对本企业高度依赖的前提下,逐步替代原商业生态系统主导者,并对商业生态系统进行优化改造,形成以本企业为主导者的新商业生态系统;相反,企业所在商业生态系统发展前景不好，或难以取代现有系统主导者地位的情况下，在企业具备一定能力时，以企业自身具有的优势领域为核心，按照商业生态系统运行条件，有意识选择合适成员，组建新的商业生态系统，并成为该系统的主导者。

保持商业生态系统主导者地位必须做到以下两个方面：一是具备其他系统成员没有而对维持系统运行至关重要的核心优势，能够持续不断地为系统创造价值，为系统成员提供稳定的发展平台，否则它将不能吸引和保留系统成员；二是恰当地与系统成员分享所创造的价值，并在这一过程中形成其他系统成员对本企业的依赖。沃尔玛的持续补货系统，微软的视窗操作系统，就是保持商业生态系统的健康运行而获得持续高效业绩的发展平台。

企业的第一目标是长期存在和发展自己的潜能，而获得利润和满足消费者需求只是达到这一目标的方法。未来的竞争不是单个企业之间的竞争，而是一个商业生态系统与另一个商业生态系统的对抗。企业不应将自身看作是单个企业，而应视作商业生态系统中的成员，用生态学的眼光去看待企业这一开放生命系统的生命历程，以及它与其栖息的生态系统的互动关系。在制定竞争战略时，企业不应仅仅从自身出发，而应顾及合作伙伴以及整个商业生态系统的健康发展，与他人分享财富的公司最终将会获得财富，而只注重自身利益，损害商业生态系统整体利益的公司，最终将被淘汰。正如生物生态系统要不断地输入阳光和营养物质才会健康发展一样，商业生态系统的健康发展，也要求对系统成员进行优化组合。因此，商业生态系统成员必须针对环境变化调整竞争策略，按照所在商业生态系统要求规划企业发展战略，逐步使企业成为系统的重要成员，并在具备一定条件的基础上成为系统的主导者，这是现代企业的发展之路。

第二节 零售商业生态系统成员选择逻辑与合作模式研究

选择合适的、有竞争力的成员是商业生态系统形成过程中一项很重要的业务活动，它直接关系到整个系统的生存与发展。作为商业生态系统主导者的零售企业应根据商业生态系统健康要求与未来发展需要选择、更新成员，并确定与其他成员之间的合作模式。

一、零售商业生态系统成员选择逻辑

以零售企业为主导者的商业生态系统超越了传统价值链，也不再局限于行业部门，它涉及从供应商、顾客、物流商、融资机构、技术提供者、规章制定者（政府、准政府机构、行业协会）、媒体等中介机构，甚至包括竞争对手等对企业经营产生直接或间接影响的诸多因素。其中，零售企业是商业生态系统的主导者，其与上游供应商和下游顾客构成商业生态系统的核心层。核心层成员是商业生态系统中相关性最强、共生度最大的成员。

核心层中的供应商通常不是单一层次，供应商有自身的上游供应商，它通过零售企业的直接供应商与零售企业发生关系。虽然很多零售企业为了提高效率自建配送中心和物流机构，但从灵活性和成本角度来看，借助第三方物流将成为未来零售企业发展的首选。企业要想在短期内做大、做强，必须采用"借鸡生蛋"的资本运作模式；再加上，零售业本身是一个需要较大流动资金的行业，特别是店铺较多的大型零售企业，因此物流商、投资者是零售企业的主要合作伙伴。基于此，商业生态系统的第二层成员主要有供应商的供应商、物流商、投资者。商业生态系统的第一层与第二层成员是其主要成员。商业生态系统运行离不开政府支持和行业协会管理，以及其他中

介机构的辅助,这些成员构成商业生态系统的第三层。

商业生态系统成员的逻辑关系本身也说明了这些成员在商业生态系统中的地位与功能。虽然每个成员对商业生态系统健康运行都很重要,但其重要程度从核心层向外依次递减。维持商业生态系统健康运行的关键是其主导者。本书所构建的商业生态系统的主导者就是零售企业。零售企业在商业生态系统中最基本的目标是通过提供一个稳定的共同资产来改善商业生态系统的健康度。零售企业通过简化相互联系的网络成员的复杂任务,或通过更有效率的第三方开发新产品来提高商业生态系统生产率;通过持续创新帮助系统成员应对不确定环境,以提高系统生命力。

以上只是确定了以零售企业为主导者的商业生态系统的逻辑成员,在实际运作中,更为重要的是确定每个逻辑成员背后的实际成员。

二、零售商业生态系统的合作管理模式

(一)零售商业生态系统成员合作模式

1.商业生态系统成员标准

商业生态系统竞争力是群体竞争力,是所有成员协同进化的外在表现。当零售企业成为商业生态系统主导者时,要根据自身资源禀赋和经营目标选择和更换合作对象,确定淘汰哪些成员,与哪些成员进行协同整合。一般来说,只要新成员可能为商业生态系统新创造的价值大于新成员分享的价值,都有可能成为合作伙伴。在此基础上,考查新成员是否与原商业生态系统成员有共同愿景与共同利益基础,能否和谐共生、优势互补和共同进化。此外,双方合作潜力与诚意,文化差异可能带来的障碍与冲突也是选择成员时必须考虑的标准。

(1)建立共同愿景。共同愿景是被组织成员所接受和认同的组织愿景,是建立在组织及其成员价值和使命一致基础上的共同愿望或理想,是组织

成长的动力机制之一。在动态、复杂的经营环境下,借助商业生态系统可以创造出比单一公司更大的竞争优势;通过建立这一系统可以增强抵御市场风险能力,使企业经营不受制于所拥有的资源和具备的能力。共同愿景既是构建商业生态系统的前提,也是商业生态系统创造更大价值的基础。

商业生态系统成员在追求共同愿景过程中会激发潜能,从而使商业生态系统产生不竭动力。具体来说,商业生态系统成员拥有共同愿景会产生的作用,如表 6-1 所示。

表 6-1 商业生态系统成员拥有共同愿景会产生的作用

作 用	备 注
凝聚作用	共同愿景会改变成员与组织间的关系,如黏合剂一样将具有个性差异的组织成员凝结在一起,创造出众人一体的感觉,进而释放出无穷的创造力
激励作用	共同愿景一旦建立,将形成强大驱动力,激励组织成员共同努力,使组织的创新活动达到从单项创新到系列创新、从能人创新到群体创新的境地,使组织的知识资产不断积累、增值
导向作用	对整个组织来说,共同愿景就是组织发展的指南针,在组织发展遇到阻力时,特别是组织处于转型阶段时,共同愿景可以使每个成员看清方向和目标,依据共同愿景确定自身的行为准则和学习方向
规范作用	共同愿景能够在本质上规范组织成员行为,整合组织成员力量,为组织创造更大的价值。商业生态系统中每个成员都有一定的差异,如果彼此不能包容差异,就不能融合为一个整体,也无从互相学习与合作。建立商业生态系统的共同愿景,就是协调和成员间的分歧,融合个体成员愿景和系统愿景,这是共同愿景的根本特征和生命力所在

（2）拥有共同利益基础。拥有共同利益基础是选择商业生态系统成员的最基本标准。商业生态系统成员间的利益冲突是客观存在的，要使这些利益目标互异的成员自愿合作，就必须存在利益共同点，即在为顾客创造价值的过程中实现企业自身价值最大化。为顾客创造价值仅靠单一企业不可能完成或不能很好完成，生产商生产的具有技术与质量优势的产品只有通过金融成员的资金支持、媒体成员的有效传播、物流成员的适时配送，以及零售企业在恰当地方和时间售卖给恰当顾客，优势产品的价值才能实现，各系统成员由于参与顾客价值创造过程而分享收益。这样，顾客就成为维持商业生态系统成员共同利益的基础。

（3）实现专业分工基础上的优势互补。居于同一生态位，执行同一功能的成员很多，但作为一个追求高效率的商业生态系统来说，应根据商业生态系统维持和发展需要选择每个生态位成员，即每个生态位需要多少成员，这些生态位由哪些具体成员组成。从降低商业生态系统运行成本和实现商业生态系统最大价值的角度来看，当某一生态位成员数量超出其实际需要时，不仅造成资源浪费，还会产生内耗，甚至影响商业生态系统稳定。在确定每个生态位成员时，要尽可能实现优势互补，避免相互之间的利益冲突带来不利影响。因此，要建立商业生态系统的价值创造和分享机制，明确界定系统中各生态位成员职能，确定谁承担支持驱动角色、谁承担辅助驱动角色。

（4）达到相互信任、协同进化。商业生态系统通常会面临两种类型的不确定性，即未知事件的不确定性和成员对这些未知事件反应模式的不确定性。正是在双重不确定环境下，相互信任成为商业生态系统首要的组织原则，也是其得以维持和健康发展的关键。同时，由于成员之间既存在客观上的利益冲突，又有共同的利益目标，只有成员相互信赖才能有效地扩大共同利益基础，化解冲突，最终实现协同进化。

2.商业生态系统成员程序

（1）确定候选合作伙伴。选择合作伙伴是一个渐进过程，稳定可靠的伙伴关系是在长期业务交往形成的相互信任基础上发展起来的。按照选择商业生态系统成员标准，以及商业生态系统业务流程来确定零售企业各项业务节点的候选合作伙伴。以物流商为例，是否与企业有相同或相近的共同愿景、配送设施的数量与先进程度、配送效率、配送差错率、配送人员服务态度与责任心等，都是确定候选物流商时应考虑的因素。如果候选物流商之前与企业有合作关系，则需要分析以往双方合作情况；如果是第一次合作，则要对其商誉、经济实力及与其他企业合作情况进行充分调查分析，以便能够选择适合企业发展需要，并可以与企业共同成长的物流商。

(2)综合评价候选合作伙伴。通过定性标准确定的商业生态系统候选成员并不能直接成为零售企业的实际合作伙伴，还需要采用分层分析法、模糊评价法等综合评价方法对候选合作伙伴进行综合评价。

(3)确定最终的合作成员。通过对供应商的综合评价，可以确定零售企业某类商品的供应商。但在实际操作中，选择怎样的指标评价供应商，每个指标赋予多大权重，应结合历史经验、供应商所处行业特点和未来经营环境可能发生的变化等因素对这一评价结果做相应调整，以确定最适合而并不一定是最优的供应商。

在商业生态系统组建过程中，候选合作伙伴选择失误是导致商业生态系统失衡，甚至崩溃的主要原因之一。在初期对商业生态系统候选合作伙伴评价的基础上，应进行多期考察，并与商业生态系统运行环境相匹配，对候选合作伙伴进行动态评估。动态评估主要体现在两个方面：一是关键指标选取应根据本企业和候选企业的资源状况、各自所处行业特点，以及与之相匹配的市场环境来确定；二是对候选企业进行多期评估，以选择能与商业生态系统其他成员产生更大共生度，并能为商业生态系统带来最大边际贡献的企业。

3. 商业生态系统成员的更新与增加

每个商业生态系统在其生存周期内，系统成员会随着内外环境的变化而调整,商业生态系统正是在这种不断淘汰与更新中维持其强大的生命力。在建立商业生态系统时,要对候选的系统成员进行综合评价,以选择最适合的系统成员。而在商业生态系统建立之后,仍需要对商业生态系统成员进行评价。此时评价的主要目的是监控系统成员的健康状况,某些系统成员与其他成员的协同情况及与整个商业生态系统运行状况是否相匹配。商业生态系统是一个整体,每个成员及业务关系的关键环节都必须是健康的,任何一个成员或环节存在缺陷都将破坏系统业绩,导致竞争力下降,最终也会影响每个成员的利益。因此,必须定期对商业生态系统现有成员进行综合评价,此时评价的主要目的是监控成员的健康状况、成员间的协同情况,以及个别成员的行为是否与整个商业生态系统运行状况相匹配,以确定哪些生态位成员需要改进或更新,从而维持商业生态系统的健康。

对运行中的商业生态系统成员的评价指标有别于构建商业生态系统的评价指标。对运行中商业生态系统成员的评价可以选用定性指标:与其所在生态位功能要求的吻合度、对商业生态系统贡献的动态变化、与其他成员的共生度与协同性、未来发展潜力与发展空间大小等;也可以选用定量指标:投资收益率、市场占有率以及行业地位变化等,以判断保留还是替换这些成员。

现有商业生态系统成员的更新通常有两种情况:第一,被动淘汰,即某些生态成员跟不上商业生态系统发展要求,或加入更好的商业生态系统而主动退出;第二,主动更新,即商业生态系统战略目标调整、外界环境变化以及业务发展需要,原有成员不符合新变化要求,短期内又无法通过调整达到标准,商业生态系统主导者应有意识地替换这些成员,以保持商业生态系统的生命力。

除了更新原有商业生态系统成员外,随着商业生态系统边界拓展和业务扩大,将会演化出新的生态位或原生态位成员数量不足,这就需要增加新成员。此时,要对符合新生态位或需要增加成员的原生态位候选成员进行综合评价,以确定新成员。新成员地加入可以拓展商业生态系统价值创造空间与潜力,提高商业生态系统竞争力。

4.商业生态系统成员的合作模式

商业生态系统成员是企业前进的动力还是障碍,关键是如何处理彼此间的关系。商业生态系统成员之间的合作模式规定了成员在商业生态系统中的角色和功能,具体划分了成员间的节点定位和协作领域。由于商业生态系统成员具有不同的技术系统、管理系统和目标价值系统,因此,只有合理分析商业生态系统业务流程,形成同一价值链或价值网上不同环节的有机联系,才能充分发挥商业生态系统效能,全方位实现互补性资源、能力的有效融合,达到协同进化目的。商业生态系统成员合作模式主要有以下三种:

(1)共生型模式。在共生型模式中,两个或两个以上成员不是直接竞争、相互抑制,而是互为存在前提,通过优势互补组成利益共同体。共生型合作模式成员的组织结构、经营方式、规模和技术水平相互适应,相互间有直接业务往来,彼此以利益关系和信息关系构成网络,实现资源、信息共享。由于企业间通常有较稳定的联系,能协同工作并相互适应,因此不会随意组合和分离。

(2)附生型模式。附生型合作模式与附生型的生物群落相似,系统成员相互之间虽有一定的利益关系,但相互间没有明显的影响。在附生型模式中,通常有主导企业和附属企业之分。附属企业为主导企业扩大经营规模、增加产品销售量等方面带来诸多好处,同时也从主导企业处获取利益。附生型合作模式中主导企业与附属企业之间利益关系不大,附属企业在无附主条件下,也可独自存活。这样,主导企业可自由选择附属企业,附属企业也可自由转移附主,企业间呈现出动态的虚拟合作。

　　(3)寄生型模式。在生物界,寄生者与宿主组成一个有机联系的有序系统,两者相互适应,有害作用日趋减弱,互利共生与日俱增。在企业群体中,小企业寄居在主干大企业的地域或系统内,靠大企业外包业务获取利益,呈现寄生型合作模式。从表面上看,作为宿主的大企业对小企业的生存发展有积极作用,小企业从大企业获取好处而存活;但寄生者也会改善宿主生存发展环境,促进大企业发展,使其实力加强。因此,如果商业生态系统成员能够长期维持寄生型合作模式,不仅对双方都有利,而且可以提高整个社会经济效益。但与前两种合作模式比较,无论是对于宿主企业还是寄生企业,这一模式的风险较大。在长期合作中,宿主与原寄生企业形成一定程度上的依赖关系:寄生型企业虽有很强的生存能力,但一旦与原宿主脱离,在未找到新宿主期间,其生存力将会降低;宿主企业在原寄生企业离开、新寄生企业不到位或不相容情况下,同样会面临生存压力。

　　商业生态系统是人—社会—自然—人工经济技术系统复合的高级生态系统,其组织结构具有更高的自由度和灵活性,能及时适应环境变化。因此,商业生态系统成员之间的合作往往不是单一模式,而是多种模式并存的混合型组织形式。在以零售企业为主导者的商业生态系统中,零售企业与供应商之间通常采取多种合作模式,如:与大生产商和主要商品供应商之间采取共生合作模式,互利共生,没有明显的主次之分,在利益分配中处于平等地位;而与非主要商品供应商之间的合作模式则采取附生模式,由于这些供应商供应的商品并非零售企业的主营商品,当利益趋同时双方可以合作、利益相左时则放弃合作,这种放弃对零售企业影响较小;零售企业与主营商品的小供应商之间采取寄主模式,这些小供应商高度依赖零售企业的渠道和销售量。同样,零售企业一旦失去这些小供应商必须及时寻找替代者,否则会因商品品种不全或断货而影响企业信誉和顾客满意度。

　　商业生态系统成员之间灵活多样的合作模式,首先,要保证系统以合理形式充分利用社会现有资源,并使外部资源与商业生态系统主导企业的核心资源紧密结合,形成商业生态系统竞争优势;其次,多种选择的合作模式也使得合作企业与主导企业能够迅速达成利益上的一致,及时抓住市场机遇,避免因组织设计不合理而丧失良机。

(二)零售商业生态系统管理模式

1.商业生态系统管理的动因

在动态复杂的竞争环境下,诸多因素会干扰商业生态系统运行,通过对商业生态系统进行有效管理,可排除有害因素对商业生态系统运行的不利影响,保持商业生态系统与外界环境相适应。

(1)商业生态系统失衡。每个商业生态系统的承载力都有一定范围,即阈值,系统越成熟,其承载力越大,阈值也越高,反之亦然。当因某种原因导致商业生态系统混乱超过其自我调节能力,即超出其承载力范围时,商业生态系统就会失衡。导致商业生态系统失衡的原因归结起来主要体现在以下方面:

①商业生态系统环境污染。与自然生态系统一样,商业生态系统中同样存在环境污染,如大量假冒伪劣产品、虚假广告、哄抬物价等,当污染程度超出了商业生态系统承载能力时,最终会导致整个系统崩溃。产生这些污染行为的最根本原因是成员间的信用与道德缺失。

②商业生态系统发展与制度环境不匹配。商业生态系统制度环境对商业生态系统的作用力具有两重性:两者相匹配将促进商业生态系统发展;反之,则会制约商业生态系统演化,甚至影响商业生态系统的稳定。

③商业生态系统间过度竞争及成员对系统公共资源的过度利用。在商业生态系统竞争阶段,企业之间的竞争转为商业生态系统之间的竞争。商业生态系统虽然是由众多成员组成,但其作为一个经济组织是以追求利益最大化为目标。虽然商业生态系统以共同利益为基础,但成员之间仍存在

利益冲突,如果商业生态系统内部运行规则不健全,也会由于对公共资源的过度利用而导致系统失衡。例如,零售企业为抢占有利店铺位置,不考虑当地消费者购买能力及商圈大小,在一个很小的商圈内过度开店,过度价格竞争,都会影响市场竞争秩序,造成实际上的资源浪费。

④商业生态系统利益分配不合理。商业生态系统应按成员贡献大小进行利益分配,而在实际运行中,由于某些主导企业过度追求自身利益,在利益分配中没有遵循贡献原则,导致成员流失,如果商业生态系统中的重要生态位成员缺失将导致系统失衡。零售业中的"从上游供应商寻求利润"盈利模式就是典型的利益分配偏向零售企业,零售企业将自身的市场竞争优势建立在对供应商挤压和控制上,当供应商势力增强或成立强大的供应商联盟时,商业生态系统平衡将被打破。因此,利益分配不合理可能会导致商业生态系统崩溃。

⑤信任机制不健全。商业生态系统是一个相对松散的战略联盟组织。无论是自发形成还是有意识建立,商业生态系统都是相对松散的战略联盟组织。除了少数制度性约束外,维系商业生态系统正常运行的主要是软条件,其中,成员间的信任是维持商业生态系统可持续发展的最关键软条件,系统成员间的信任机制不健全是商业生态系统失衡的主要原因之一。

虽然存在多种因素会导致商业生态系统失衡,但与自然生态系统相比,商业生态系统可控程度较高。这是因为商业生态系统管理者可以通过有效管理来预防和阻止系统失衡,或采取措施使失衡系统复原;商业生态系统的承载力具有扩张性,企业可利用的资源不局限于物质和能量,知识、信息是其形成和发展的推动力。由于知识、信息资源的相对无限性,使得系统承载力得以迅速提高。

商业生态系统主导者可以利用知识和信息资源清除系统内的污染行为,为其健康发展提供良好的环境保证。同时,商业生态系统是一个典型的开放系统,当系统成员不能自我约束时,可以通过从外部输入制度、资源等要素,抑制成员对系统的破坏行为。对于一个有意识建立起来的商业生态系统,可以在建立之初以制度方式约定成员间的竞争机制、资源利用机制、利益分配机制以及信任机制,以避免出现商业生态系统失衡。

(2)商业生态系统自身存在的问题。构建商业生态系统是企业在动态复杂竞争环境下提高市场竞争力的主要手段,但商业生态系统本身仍存在一些自身的问题:

①商业生态系统的一个重要特征是能够在一定程度上做到信息共享,但并不是所有信息在成员间都可以共享。通常可以共享的往往是市场信息、技术信息,对于某些私人信息是不可能做到共享的,这样,就无法避免系统成员的机会主义行为。此外,对商业生态系统成员的选择既是一个判断过程,也是一个认识过程。由于每个成员对商业生态系统的认知度不一致,在权衡利益时表现为有限理性,可能会做出损害其他成员利益的行为。

②商业生态系统虽然减少了信息获取成本,但仍存在交易成本,而降低成员间的交易成本取决于其认知能力和相互间默契程度。同时,成员的行业背景、合作能力及认识能力不同,可能会导致对自己在系统中的权利与义务理解有偏差,从而产生摩擦,增加交易成本。

③任何一个组织一旦趋向成熟与稳定,也就意味着开始与外界环境脱离,商业生态系统也不例外。由于自身的惰性与路径依赖的惯性,商业生态系统成员的创新意识会逐渐衰减,而成员利己倾向也会使其忽视对商业生态系统的义务。

对于商业生态系统失衡可以通过采取预防措施尽可能避免其发生,而对于商业生态系统自身的缺陷只能通过有效的管理手段来克服。通过有效的激励或惩罚措施促使商业生态系统成员在享受利益的同时为系统创造价值;根据外界环境变化及时调整商业生态系统成员的构成和运行规则,以保持商业生态系统与外界环境相匹配。

2. 商业生态系统的成本与收益分析

对商业生态系统进行成本与收益分析的主要目的是确定这一系统是否继续维持,并找出影响系统成本与收益的因素,为有效管理系统提供依据。为了便于分析,假设商业生态系统成本(C)是指单位时间系统运行过程中所发生的全部成本,包括寻找、评价、更新系统成员的成本(C_1),系统成员间进行信息交流、协调运作的成本(C_2);为了系统协调运作和健康进化,某些成员和整个系统遭受的损失或放弃的机会(C_3),即 $C = C_1 + C_2 + C_3$。在这里,单个成员为整个系统而遭受的损失应该有所补偿,以维持系统稳定发展,而整个系统的损失则由所有成员分担。商业生态系统收益(R)是指单位时间商业生态系统所获得收益的总和。商业生态系统利润(Ⅱ)是单位时间内系统总收益与总成本之差,即 Ⅱ = R − C。如果 Ⅱ > 0,则有必要维持商业生态系统运行,否则应调整甚至解散系统,各成员按传统方式参与市场竞争。

每项商业生态系统活动均会产生成本,但并不是每项活动都会产生收益,不增值活动可能是联系各增值孤岛必需的活动,以形成一体化的价值链。因此,应针对不同活动性质与功能进行成本与收益分析,对那些不增值却是商业生态系统运行必需的活动的管理目标是如何降低活动成本与费用(寻找成本、合作成本、协调成本)的;而对于商业生态系统中的增值活动,应衡量其成本与收益关系以判断活动存在的合理性。

3. 商业生态系统健康评价

成本收益分析只解决了是否维持商业生态系统运行的问题,但判断商业生态系统目前运行情况如何、未来发展趋势怎样,就需要对商业生态系统健康状况进行评价,目的是针对不健康或亚健康成员或业务结点进行有效管理。

商业生态系统健康评价应包括两个方面:一是评价整个商业生态系统

的健康。企业健康发展需要一个良好运作的商业生态系统支持,商业生态系统命运就是企业的命运;二是评价关键成员的健康。商业生态系统中关键成员的经营状况会影响系统的健康度,如果关键成员的健康出现问题,必然会导致商业生态系统受到影响。

商业生态系统健康是指商业生态系统处于良性运行状态中,具有稳定性和可持续性,在时间上具有维持组织结构稳定的能力、自我调节能力和对系统失衡的恢复能力。衡量商业生态系统相对健康状况的指标包括以下方面:

(1)生产率,是指用来衡量一个商业生态系统能够将新技术和其他创新性原材料持续转变为更低的成本和新产品的能力,相对简单的衡量指标是投资收益率。

(2)生命力,是指商业生态系统抵抗各种干扰和破坏的能力,用于衡量商业生态系统在面对无法预料的技术变化等冲击时的生存能力。最简单的衡量指标是系统成员生存率,即系统中企业存活数量是系统生命力的重要表现,而系统中成员关系是抵御外部冲击、维系存活的缓冲器。

(3)利基创造能力,是指通过创造有价值的新功能增加商业生态系统多样性的能力。由于前两个指标并不能全面说明健康商业生态系统的特征,系统在保持高生产率和具有抵御外部冲击能力的同时,还必须具备产生创新潜力的能力。衡量商业生态系统创造能力的一个途径是运用新技术开拓新业务和新产品的能力。

(三)商业生态系统健康运行的管理维度

外部环境变化决定企业经营理念,外部市场需求决定企业功能,外部市场运行规则决定企业制度安排。与传统企业重心放在整合内部资源不同,现代企业重心则放在整合外部资源上,依靠上下游企业,或政府、金融机构乃至社会资源和社会资本创造价值。过去是价值创造最重要,现在是价值实现最重要,价值能否实现、实现多少则取决于顾客认可。满足顾客需要并不是靠一个企业能够完成的,它是整个价值链集体能力作用的结果。因此,企业要扩大管理范围,对可借用的外部资源和价值创造者进行管理,以提升整个价值链的市场竞争力。从零售企业角度来说,供应商和顾客是其管理商业生态系统成员的重点,三者既是价值的创造者,也是价值的分享者,由此构成商业生态系统核心价值链,三者协同能力与集优能力也是提高商业生态系统竞争力的基础。

1. 供应商管理

供应商是零售企业重要的外部资源,通过优化供应渠道可以保证商品质量、及时供货和降低供货成本。同时,供应商也是零售企业供应链的重要环节,做好供应商管理也是提高供应链效率,提高零售企业竞争力的主要途径。

(1)确立与供应商的合作伙伴关系。大多数零售企业忽视与供应商建立伙伴关系,只注重从供应商那里获取利润,将竞争压力转移给供应商。供应商是零售企业为顾客创造价值的依靠者,当零售企业实现规模化经营后,竞争焦点转向供应链管理效率,供应链反应快、效率高、成本低是竞争制胜的重要途径。因此,零售企业与供应商不是单纯利益对立的竞争关系,而是竞争与合作并存的关系,通过在信息、资源、利益上的共享,实现整个供应链的资源配置最优化。

目前,一些零售企业自建配送中心,在公司内部形成卓有成效的物流系统;一些大型供应商也在不断完善其物流系统。但零售企业与供应商之间在供求信息上相互封锁,在交易价格上不断博弈,零售企业内部物流的高效率与外部的非效率并存。供应链管理追求的是整体效率,它不等于两个互相独立的物流过程的相加。同时,这种渠道结构会造成重复投资和资源浪费。供应链上成员间的非协作关系致使资源配置处于一种非最优状态。

根据供应商的供应能力、物流管理能力、所供应商品的知名度、对零售企业的贡献程度、交易金额大小等因素,可以将供应商划分为不同类型,建立不同的合作模式,具体如下:

①供应商管理商品库存型。如果供应商供应能力强,物流管理效率高,而零售企业管理商品库存的能力有限,或效率不高,可以与供应商建立简单的销售合作关系。即零售企业只负责销售商品,而商品库存由供应商管理,当库存商品低于安全库存时,供应商及时补货,库存商品的所有权归供应商。零售企业与供应商之间共享商品销售信息,供应商可以随时掌握零售企业商品销售情况,以便及时补货,并对由于补货不及时而带来的商品脱销所造成销售机会损失负责。

②零售企业管理商品库存型。如果零售企业有较强的管理商品库存的能力,且效率较高,可以管理商品库存,但商品所有权仍归供应商。采用这种合作方式时,零售企业和供应商之间事先确定一种预测型订单或协议。在订单中,明确订购商品的名称、型号、规格、需求总量及不同时期的需求数量、利益分配方式、付款方式、交货地点、交货时间、订单的有效期及双方的责任和义务等。所需商品的补充可以根据预测型订单中的约定方式进行,也可以由零售企业根据预测型订单的有关约束及实际需求向供应商发出确定性订单的方式来进行。

虽然在第二种合作模式中零售企业仍然是代销商,但相对于第一种合作模式,零售企业对库存商品有更大的自主权,有助于根据市场需求变化调整商品销售数量与种类,并可以最大限度地避免出现商品脱销。

③零售企业买断商品型。如果零售企业有充足的资金,能较为准确地预测市场需求变化,且销售此类商品对企业贡献率较高时,可以从供应商手中买断商品的销售权,自主决定商品售价及销售方式。采取这种合作关系的零售企业和供应商之间也要事先确定一种预测型订单,订单的内容类似

于第二种合作模式,双方采用适当的付款方式进行货款结算。

④零售企业与供应商短期合作型。对于供应新商品、消费者偶然或临时需要商品的供应商,零售企业可建立短期或临时的合作关系。在这种合作模式中,零售企业和供应商之间通常签订少量且短期的合同,并根据商品销售情况来调整双方的合作关系,因此,这种合作关系具有一定的随机性。

以上4种合作模式都是通过不同程度的合约来控制和管理供应商,双方签订合约的目的是使双方在具体购销活动中能更好地履行各自的权利和义务,基于该合同产生的一切买卖行为都要以框架协议的规定为准。合约方式虽然解决了零售企业与供应商之间在利益上的一些冲突,但这种合作关系并不是很紧密,而紧密长久的合作关系可以降低交易成本和市场经营风险。因此,零售企业还可以采取管理输出的方式来管理和控制供应商,即零售企业通过入股等形式与供应商建立紧密联系,向供应商输出管理人员,提供技术和管理支持,了解供应商的经营状况,实现双方经营信息共享,有利于双方做出正确的决策,增加协同效应。

(2)与重点供应商建立战略合作伙伴关系。在管理供应商时,零售企业并不是平均分配管理资源,应依据供应商对零售企业的贡献大小等因素,分别实行重点管理、次重点管理和一般管理。对于需要重点管理的供应商应与其建立战略合作伙伴关系,即结成一种"双赢"的直接面向顾客的动态联盟。这种关系要求零售企业与供应商能够像企业不同部门一样默契协调工作。零售企业与供应商共享一个数据库,各自从数据库中选取需要的信息,并将自身获得的信息反馈给共享数据库。战略合作伙伴关系不仅有利于零售企业建立竞争优势,也有利于供应商提高抗风险能力,从而使整个供应链更有竞争力。

建立战略合作伙伴关系需要具备的前提条件有5个方面:①企业文化具有相容性,拥有相同或相近的企业价值观;②合作能为双方创造更大价值,且利益分配能够明确界定;③供应商必须拥有及时准确的市场信息反馈系统、快速高效的物流、高质量的服务能力和成本持续降低能力;④双方拥有健全的信任机制,这是有效合作的纽带和保证;⑤双方能够积极协调矛盾与冲突。零售企业与供应商毕竟是两个不同利益主体,企业目标也不尽一致,在组织管理方式、思维模式以及组织文化等方面的差异,以及在供货价格、货品管理等方面的分歧会影响整个供应链运行效率,伤害双方进一步合作关系。因此,积极面对和解决矛盾和冲突在双方合作中至关重要。

通过与供应商建立稳固关系,零售企业可以赢得独有权利,如用比其竞争对手更低的价格或更优惠合同条款购进商品,或得到紧俏商品等。

(3)利用先进信息技术共同管理商品库存。信息技术为零售企业与供应商之间更有效的合作提供了可能性,主要体现在两者共同改造传统作业流程,通过降低交易成本提高整体竞争实力。两者之间通过信息实时传输、远程数据访问、数据处理等技术,将传统实物库存商品管理升级为信息库存商品管理,实现快速反应,以尽可能降低库存商品及库存成本。在没有实现信息共享情况下,传统供应链不可避免地会出现牛鞭效应,即放大需求,增加库存量及库存成本。而在信息库存商品管理下,零售企业把各地门店的销售和需求信息提供给供应商以补充库存,并接收库存状况和生产信息反馈,双方依此做出互动决策。因此,这种管理库存模式具有供应链整体库存最优、市场反应快、需求与生产双重导向特点,降低了供应链内部需求的不确定性,更好地协调生产与配送,能够有力地控制牛鞭效应。沃尔玛和宝洁公司的合作就是信息库存商品管理的成功典范。当然,这种模式也存在缺陷:供应商为了防止缺货而被竞争对手产品挤占市场,会在一定程度上高估需求以保证供给,加大了库存成本。

要实现零售企业与供应商共同管理商品库存,必须建立强大的信息平台,通过互联网或 EDI 来实现需求信息、生产信息、销售信息、存货信息共享。同时,需要一个决策支持系统(Decision Support System,DSS),具备自动发送订单、下达需求计划等功能,零售企业与供应商要改变传统的金字塔形组织结构,建立起扁平组织或虚拟组织结构,共同完成系统所需信息的搜集和库存参数控制等工作。

(4)对供应商实施绩效管理与业绩激励。零售企业对供应商实施绩效管理主要是为了确保其所供应商品的质量,及时淘汰不合格供应商和选择有潜力的新供应商。同时,通过供应商绩效管理也可以了解供应商的不足,并将这些不足反馈给供应商,以利于其提高业绩,为双方进一步合作打好基础。实施供应商绩效管理的关键是建立完善的供应商绩效评价体系,并选用适当的评价方法对供应商业绩进行评价。

零售企业要保持与供应商的长期合作关系,必须建立有效的激励机制,适时对供应商进行激励。零售企业激励供应商可选用的方式主要有4个方面:①商品展示激励,充分考虑供应商产品线,合理安排货架位置和空间,对业绩好的供应商在柜台位置及面积上给予适当照顾,优先安排促销活动;②付款激励,对业绩好的供应商采取缩短账期策略,降低供应商资金成本;③返点激励,对于合作期长、贡献大的供应商采取返点激励,增加其收益;④淘汰激励,通过淘汰不合格供应商增加其危机感,达到激励目的。

(5)充分挖掘和利用供应商的资源与能力。作为商业生态系统主导者的零售企业除了要加强与供应商的商品库存管理和信息化建设外,还要建立供应商信息库,包括供应商基本情况、产品销售信息、供应商存货信息、质量检测报告等全方位信息,及时了解供应商经营状况,以适当方式介入其内部管理,帮助解决生产与经营中存在的问题,充分挖掘供应商潜力,提高价值创造能力,通过供应商竞争力的提高间接增强零售企业市场竞争力。

2. 顾客管理

在买方市场条件下,市场是企业一切制度安排和经营策略的核心,顾客是企业竞争的终极目标,顾客选择决定企业生存与发展。现代制造技术发展以及竞争的日益激烈,使产品高度同质化。零售企业通过采购差异化商品或降低采购和经营成本来创造竞争优势变得越来越困难,顾客选择成为比差异化商品和低成本更重要的竞争焦点,顾客已成为企业最宝贵的稀缺资源。这些新变化迫使零售企业管理由"商品"导向转为"顾客"导向,企业取得市场竞争优势最重要的手段不再是商品和成本,而是准确把握和快速响应顾客个性化需求,提供便捷的购买渠道、良好的售后服务和经常性的顾客关怀。企业应将生存和盈利空间寄托于顾客资源开发和顾客关系整合上,力求通过深入开发和优化管理,建立和维持最佳的顾客关系,以实现顾客资源价值与企业利润最大化。由此,顾客管理好坏是零售企业在新环境下持续保持竞争优势的利器。

(1)零售企业管理顾客的必要性。零售企业进行顾客管理的必要性主要体现在以下方面:

①市场环境变化迫使零售企业重视顾客资源管理。由于大工业革命的深远影响,长期以来,零售企业一直将供应商能否提供优质的商品作为其经营核心,工作重心明显向上游供应商倾斜。进入 20 世纪 90 年代后,生产力快速提高与商品极大丰富导致买方市场出现,顾客资源成为企业生存和稳定发展的基础,忽视顾客资源开发与管理的传统管理模式日益显现竞争弱势。零售企业应将竞争的重心由争夺优质商品供应商转变为争夺顾客资源。

②产业链中的特殊地位使顾客成为零售企业经营核心。零售企业的利润既来自顾客也来自上游供应商,获得两者认可是零售企业成功经营的关键。同时,零售企业又是上游企业产品流向最终顾客的服务实体,零售企业提供给顾客的服务质量直接影响上游企业利益。零售企业在产业链中的特殊地位决定其必须以顾客为经营中心,在经营商品的表象下,实际上经营的

是顾客,顾客管理的好坏是检验其经营成败的重要指标。

③信息技术应用缺陷导致已有顾客信息资源不能充分利用。在短短20多年里,我国零售业的信息技术从无到有、从低到高,取得了令世人瞩目的成就。但大多数零售企业的信息系统只是一个简单的内部进销存管理系统,存在一定的问题,与外界,特别是与对零售企业最为重要的顾客和供应商的信息交换较少,这一方面使得企业信息价值没有被充分挖掘和利用;另一方面可能造成企业有关顾客的决策失误,造成不必要的损失。

(2)零售企业引入顾客管理的可行性。零售企业引人顾客管理达到提高市场竞争力的可行性主要体现在以下方面:

①零售企业自身优势。零售企业离市场最近,能最快、最准确地了解顾客;多年经营使零售企业具有丰富的零售经验和较为完善的软硬件基础设施。同时,零售企业表面上是销售商品,而实质上是为顾客提供一种在商品销售过程中的服务。零售企业的服务展示及服务品牌(即店名)的号召力成为市场竞争中最重要的部分,直接影响到消费者是否认可企业,是否在该处消费。因此,零售企业一直将其绝大部分工作重点放在向消费者提供优质服务上,其市场竞争主要是围绕着如何更好地服务顾客以提高顾客满意度和忠诚度而展开的。

②信息技术的开发与应用。零售企业实施顾客管理需要对各部门有关顾客的各种信息和活动进行集成,形成以顾客为核心的经营模式,实现面向顾客的全面管理。信息技术的开发与应用为零售企业更有效地管理顾客创造了有利条件。数据仓库和数据挖掘、多媒体技术、专家系统、人工智能等信息技术为系统地收集、整理、加工和利用顾客信息提供了可能。通过建立顾客数据库、数据分析、顾客选择以及一系列顾客关系计划的实施,提高顾客的满意度和忠诚度,从而获得市场竞争优势。目前,一些零售企业已经借助互联网、自动化技术成功地开展了一对一定制营销。

③可以借鉴其他企业的成功经验。从世界范围来看,银行、电信、保险、航空、证券等行业是顾客管理的最早应用领域,这些行业引入顾客关系管理的成功经验为零售企业导入顾客管理提供了成功典范。

(3)零售企业实施顾客管理的基本步骤。零售企业可以通过以下步骤来有效管理企业顾客:

①收集顾客资料。在分析顾客终生价值时,零售企业需要收集顾客的基本数据,具体包括顾客自然信息(年龄、性别、收入、职业等)、生活方式(爱好、兴趣、商品使用情况等)、态度(对风险、商品和服务的态度)、顾客行为方式(购买时间、数量等)、需求(未来商品和服务需求等)等。以上这些顾客数据随着时间推移的变化都将直接影响顾客的终生价值。

②计算顾客终生价值。顾客管理的一个重要内容是管理顾客价值,通过对顾客价值的量化评估能够帮助企业找到高价值顾客,将更多的关注投向高价值顾客。顾客价值包括历史价值、当前价值及潜在价值。

③对顾客进行分类管理。分析顾客终生价值的目的是根据顾客对企业价值贡献大小进行细分,识别企业的高价值、低价值和亏损顾客。对高价值顾客通过价值让渡等方法进行关系管理,延长其与企业的关系周期,以获得更高的投资回报;对于亏损顾客应及时采取放弃策略,以合理配置企业顾客管理资源。

④创造并传递顾客价值。著名的管理学家、现代管理学之父彼得·德鲁克提出,顾客管理的核心是为顾客创造价值。顾客价值创造理论源于"零流失率"的管理方式。这一理论认为:企业的根本使命在于创造价值,利润是创造价值的手段,通过顾客关怀增加顾客满意度和忠诚度,维持顾客与企业之间的关系。

⑤培育忠诚的顾客链。零售企业的核心竞争力有别于工业企业,它不拥有竞争对手不易模仿的硬件设施,也不具有某项高精尖技术,其核心竞争

力是具有特色的服务,通过向顾客提供超值服务,使顾客对本企业从商品认知到服务的认同,并形成忠诚,即通过培育忠诚的顾客链,形成独有的核心竞争力。零售企业实体商品经营很容易被竞争对手低成本学习与模仿,而服务的异质性却难以克隆。因为服务异质性源于企业文化,而企业文化具有独特性和难以复制性。

⑥全面管理企业与顾客关系。企业与顾客关系不仅包括销售过程所发生的业务关系,如合同签订、订单处理、发货、收款等,而且包括在企业营销及售后服务过程中发生的关系,如:在企业市场推广过程中与潜在顾客发生的关系;在与目标顾客接触中,内部销售人员的行为、各项活动及其与顾客接触全过程所发生的多对多关系;还包括售后服务过程中企业服务人员对顾客提供的各种关怀活动、各种服务活动内容与效果的记录等。对企业与顾客间可能发生的各种关系进行全面管理,会显著提升企业营销能力、降低营销成本,减少营销控制过程中可能导致的顾客抱怨行为。

3. 供应商与顾客管理的整合

零售企业以往创新的运营模式很容易被竞争对手模仿,但价值链管理却很难被模仿。这主要是由于价值链管理是一种新型的经营与运作模式,是基于现代信息技术对价值创造过程中涉及跨部门、跨企业、跨产业运作的商流、物流、信息流和资金流进行整体规划设计与运作管理活动,其复杂性和需要具备的苛刻管理条件既给价值链管理设置了障碍,也有效阻止了竞争对手模仿。本书所构建的以零售企业为主导者的商业生态系统的核心价值链就是由供应商、零售企业与顾客构成,三者形成一个价值创造与分享的核心团体。

在这个核心价值链中,以零售企业为中心,整合供应商与顾客资源,共同创造价值。现有的价值链管理理论基本上都是以制造企业为中心,零售企业仅仅是价值链的一个组成部分。随着我国零售业的迅速发展及其在产业链中地位的不断增强,零售企业在客观上具备了主导价值链的条件。因此,在传统价值链管理理论基础上,将零售企业作为价值链核心,建立新的价值链管理模式,是提高零售企业管理效率和竞争力的重要手段,也是本书构建以零售企业为主导的商业生态系统的重要途径。

传统价值链管理理论中,忽视了顾客对价值创造的贡献,实际上,顾客不仅是商业生态系统价值的分享者,也是价值的创造者。零售企业拥有大量优秀的顾客资源,可以增强其市场竞争力,同时也是有效控制和管理供应商的前提条件。顾客管理与供应商管理的融合将使顾客需求信息在整个价值链中共享,使得供应商与零售企业更好地了解顾客需求,掌握顾客需求变化趋势,并通过价值链企业之间的配合最大限度地满足顾客需求。

总之,将供应商管理系统与顾客管理系统整合可以使零售企业更有效地管理价值链,真正实现实时响应顾客需求,实现供应链条上资源的最优化配置,在实现成本节约和提高顾客服务质量的同时,简化交易程序,增加整个价值链成员的盈利机会,从而全面提升企业核心竞争能力。

第三节 零售商业战略、运作与支持层面竞争力内生平台分析

根据零售企业竞争力内部来源不同,将企业竞争力内生平台划分为战略、运作及支持三个层面,各层内部要素之间及三个层面之间的相互协调能力决定着企业竞争力的基础水平。

一、零售企业商业战略层面竞争力内生平台

影响零售企业竞争力内部生成的战略要素即战略定位、盈利模式、管理模式、竞争战略。这4个战略要素相互支撑,共同构筑战略层面的企业竞争

力内生平台。

（一）零售企业战略定位

零售企业战略定位包括 5 个层次：产业链定位、业态定位、区位定位、规模定位、商品组合与价格定位。通过这五个层次定位使零售企业在市场竞争中找准自己的生态位，尽可能不与竞争对手重叠，以避免进行面对面的直接竞争。

1. 零售企业产业链定位

流通产业是一国发展国民经济的基础产业，它具有衡量基础产业所具有的基本特征：社会性、贡献率、关联度、就业比、不可替代性。而零售业处于商品流通的最终阶段，是直接面对最终消费者的流通组织，从而决定了它在流通产业中的基础地位。同时，由于零售对于生产和消费具有导向作用，因此，零售业又是国民经济发展的先导产业。

在卖方市场条件下，制造技术与能力是制约经济发展的关键因素，产品只要能生产出来，能够基本满足消费者的需求，销售是不成问题的，因此，将零售业作为辅助产业，其对整个经济发展没有较大的约束。但在物资丰富的买方市场条件下，企业以消费者需求为中心，在产业价值链的研发、制造和销售三个环节中，前两个环节仅仅创造了产品价值，产品价值能否实现取决于消费者是否购买。影响消费者购买的因素主要有产品价格、产品先进性和销售能力。其中，产品价格由研发成本、制造成本和流通费用共同组成，即产品价格高低是产业价值链三个环节共同作用的结果；产品先进性取决于企业研发能力和技术水平的高低；销售能力主要是指渠道企业的销售策略与努力程度。

科学技术发展到今天，产品研发的难度越来越大，研发成本越来越高。我国目前在大多数产品上尚无研发的绝对优势，而且短期内也难以在这方面占据优势地位。由于多数产品单位制造成本随着生产规模扩大及技术成熟而下降,而我国在劳动力、地租成本及中低端熟练技术方面相对发达市场经济国家有一定的优势,所以,从目前情况来看,我国制造业特别是中低端产品的制造,在国际市场竞争中占据重要地位。我国制造业已经有了较大的发展,制造技术越来越成熟,但大规模生产出来的产品要实现自身的价值,取决于能否及时顺利地销售出去,即流通终端(零售)能否迅速、大规模、低成本地完成销售工作。消费是产品价值实现环节,最终消费与终端销售环节之间是相互制约、相互推动的关系,消费通过零售而作用于制造与研发环节。

现代市场经济环境中,消费通过流通来决定生产,流通企业通过掌握消费者购买和需求信息来指导生产,并通过控制流通渠道,进而掌握着工业的命脉。由于各种条件的限制,绝大多数生产企业并不是直接将产品卖给消费者,而是通过中间商来完成这一功能,即只有产品在零售企业手中售卖成功,上游所有参加产品价值创造的企业的节约和优化才能最终实现。而产品能否销售成功,一方面取决于产品的质量和消费者的认知;另一方面取决于零售企业的配合与努力,所以产业价值链整合的关键在零售环节。目前以大型流通企业为依托的商业资本,对上游工业进行资本渗透和控制,形成了以需求为导向的产业链。在这一新型产业链中,零售企业将所获取的消费者需求信息及时传递给生产企业,有利于生产企业调整产品结构,使产品设计更符合消费者要求。由于零售衔接消费与制造,推动制造更接近于消费者需求,因此根据市场变化和产业链发展趋势,零售业应定位于国民经济发展的先导产业和基础产业。

2. 零售企业的业态定位

业态是零售企业为满足不同的消费需求而形成经营形态,是制约零售企业发展的重要因素。改革开放之前,我国零售业的主要业态是百货商店,同时还有一部分专业商店和综合商店;改革开放以来,我国零售业态的变化是最快的、最具生气的,零售业历史上出现过的业态目前在我国均存在。原国家内贸局《零售业态分类规范意见》中将我国零售业业态分为 8 类:百货店、超级市场、大型综合超市、便利店、仓储式商场、专业店、专卖店、购物中心。这 8 类中除百货店外,其他均为新型业态。

目前,百货店业态正处于后成熟期,整体经营态势呈下降趋势,而新型业态具有吸引力强、成长性好、市场切入快等特点,正处于生命周期创新发展阶段,市场空间大。因此,传统百货店将大规模地向专业性百货店和大型综合超市转型。随着"后工业时代"到来,人们追求更舒适、更随意的生活方式,这为更能满足个性化消费需求的专业专卖店的出现提供了可能性;便利店适应了我国现阶段经济发展水平和消费需求,是我国零售业态中较有发展潜力的一种。近年来,全国一些大城市开始兴建集娱乐、餐饮、服务、休闲购物为一体的综合性购物中心,它的出现将促使零售业态加速变革和共生化。

新型业态的进入和推广从根本上改变了我国零售业态单一、陈旧落后的面貌,极大地促进了我国零售企业的发展。因此,零售企业应根据市场需要和自身的实际情况,充分借鉴国外零售企业的经验,进行业态定位,以增强企业在市场竞争中的适应性和竞争力,并以多种业态组合形成自己的专长和竞争优势。

3. 零售企业的区位定位

区位理论属于经济学和地理学交叉领域的理论,主要研究企业的选址以及各个行业的地理布局问题,其核心是分析各项能使企业成本趋于最小的定位因素。区位理论的思想起源很早。20 世纪初德国经济学家劳恩哈特(W.Launharber)利用几何学和微积分,将网络节点方法应用于工厂的布局,在其《确定工商业的合理区位》论文中,第一个提出了在资源供给和产品销售约束下运输成本最小化的厂商的最优定位问题及其尝试性的解法。此后,德国经济学家韦伯结合当时德国工业布局特点,撰写了《工业区位论》,将劳恩哈特著名的"区位三角形"概念一般化为区位多边形,考查了劳动费用、运输费用对厂商定位的影响。

零售企业的店铺选址和商圈测定等问题实际上就是区位定位问题。零售业被称为"选址的产业"。对于零售企业而言,区位优势是其他优势不能替代的,因为某一区位拥有的优势是其他区位无法仿制的,如地理位置优越、交通方便、单位面积人口众多、良好的基础设施等。因此,选址策略在某种程度上甚至能决定店铺式零售企业的成败。当然,零售企业选址必须与企业经营业态相结合,不同业态对店址有不同要求。

4. 零售企业的规模定位

零售业进入壁垒较低,行业开发程度较高,零售企业之间竞争十分激烈,降价成了零售企业保住市场份额的主要手段。在这种情况下最现实的选择就是通过大规模连锁经营,降低成本费用。

零售企业规模经营可归为单体店经营规模化和连锁经营规模化。连锁经营的本质是把大工业生产原理运用于零售,实现了商业活动的标准化、专业化和统一化。连锁经营通过对市场功能的部分替代降低了交易费用,是一种降低零售经营不确定性的组织设计。从经济学角度而言,这种经营形式更具有竞争力,因为物流配送系统只有达到一定规模后才能发挥应有作用;企业经营规模达到某种程度才能具有批量订货的成本优势;自有品牌的建设也是在企业达到一定规模后才能进行;规模化发展能够提高零售企业资产聚合度,增强整体市场竞争能力和抗风险能力。此外,区域范围内的规模化经营可以带来店铺之间信息互通优势、群体效应优势、口碑优势、品牌优势等。

虽然规模经营对零售企业提升竞争力很重要,但规模经营也有前提条件和规模限度。企业在选择规模时要兼顾规模经济性和需求状况。如果2

万平方米的营业面积可以使一个店铺单位商品经营成本最低,而店铺商圈所能辐射的范围只需要 5000 平方米就可以满足,则 2 万平方米的店铺就会导致卖场冷清,人员和营业面积浪费。过大的规模会增加企业对外与市场协调、和对内各种业务协调的难度,导致规模收益递减。

零售企业连锁经营可以有三种形式:自我发展,采用这种形式的企业要注意"母板"打造与灵活复制;特许经营,通过商品、商号、配送、管理技术等联结方式,发展跨区域的特许经营网络;兼并、收购。实施资本经营与资本扩张是零售企业整体竞争力提升的原动力。

5. 零售企业的商品组合与价格定位

不同业态定位和不同店铺区位要求商品组合和价格定位不同,企业应根据所选择的业态和店铺区位来确定商品组合与价格定位。如果企业面向大众,则应经营中低档商品,低价是主要竞争手段;如果面向少数高收入顾客,则应经营高档精品,购物氛围、服务水平是重要竞争手段。

(二) 零售企业盈利模式

在国际市场上,大型零售企业盈利模式主要有三种:一是商品进销价差型或代理费型。这是传统的零售企业盈利模式,也是我国零售企业的主要盈利模式;二是从上游供应商寻求利润型,典型的是家乐福模式;三是通过优化供应链,降低物流成本型,典型的是沃尔玛模式。本书在沃尔玛模式基础上,根据零售环境的最新变化提出第四种盈利模式,即商业生态系统盈利模式。

1. 商品进销差价型或代理费型的盈利模式

采用商品进销差价型盈利模式,一方面可以加速供应商的资金周转,降低销售风险;另一方面零售企业能够获得较低的采购价格,并可以根据市场情况确定产品的销售价格,具有一定的灵活性。但这种盈利模式要求企业有充足的采购资金,并对市场价格走势有较为准确的预测能力,否则将可能导致商品积压,增加资金占用成本。代理费型盈利模式与商品进销差价型盈利模式相比,零售企业的经营风险较小,不需要太多的经营资金。由于其利润主要来自代理费,利润空间较小,缺乏经营灵活性,且受控于供应商的销售政策。

随着我国零售业进入微利时代,低成本成为大型零售企业主要竞争战略。在世界零售业中排名第一、第二的沃尔玛、家乐福均通过规模经营获得了商业链条上的议价能力,不约而同地将成本控制对象指向供应商,但在具体做法上有很大差异,形成两种不同的盈利模式。

2. 从上游供应商寻求利润的盈利模式

家乐福主要是通过与供应商的进攻型谈判和向供应商收取各种附加费用来实现其低成本战略。家乐福有一套严密的与供应商谈判流程,并要求其采购人员养成一种"进攻型"的态度来对待与供应商的谈判。进场费在家乐福收入体系中占据了重要的位置,占到了整体收入的 1/3 以上,也是家乐福控制供应商的最主要手段。由于这种盈利模式要求零售企业具备一定的前提条件,如较强的谈判能力、较高的企业知名度及较大的市场销售量和覆盖面等,我国只有少数大型家电零售企业具有这方面的能力。从目前采用上游供应商寻求利润型盈利模式的企业运行情况来看,弊端日益明显。实践证明,这种模式更适合新兴市场而不适合成熟市场。

随着我国零售市场日趋成熟,家乐福模式越来越受到一些供应商的集体抗议。一些企业无法忍受家乐福各种各样的附加费用,将产品全部撤出家乐福,导致其店内缺货率提高,影响顾客的满意度与忠诚度。实际上,家乐福盈利模式是一种典型的外生优势模式,它将市场竞争优势建立在对供应商的挤压和控制上,当供应商势力增强或成立强大的供应商联盟时,这种优势将会丢失。因此,如果零售企业通过弱化上游供应商生存能力来获取市场竞争优势难以持续。

3. 优化供应链的盈利模式

沃尔玛在强调最低总成本的基础上,侧重于供应商降低成本。在这样的策略下,成本控制一直在沃尔玛的竞争中处于核心地位。沃尔玛将自己视为顾客代理,在公司内部形成了与供应商锱铢必较的供应商制度。在使用最先进的信息技术和后勤系统不断地大幅度降低其运营成本的同时,通过不断向供应商施加压力,参与供应商内部管理,帮助其降低成本,进而间接降低商品采购价格和销售价格,给消费者最大让利。沃尔玛的双赢策略,是通过与供应商保持一种伙伴关系来达到降低进货成本的目的,这是典型的内生优势模式。通过有效的供应商管理仅仅是降低成本的一个途径,伴随企业经营环境和市场竞争变化,这种模式适应度也在不断下降。

4. 商业生态系统的盈利模式

伴随大量消费时代来临,企业经营环境表现出极大的不确定性,即动态性和复杂性,企业竞争优势可保持度越来越低。企业间竞争规则也由单体企业产品竞争、供应链竞争向商业生态系统竞争转移。在这一经营背景下,零售企业要想保持市场地位,必须调整盈利模式,使其与环境要求相匹配。因此,在沃尔玛盈利模式基础上,提出第四种盈利模式:建立以大型零售企业为主导者的商业生态系统,将沃尔玛盈利模式下的零售企业与供应商之间的供需链拓展成为一个互利合作的商业生态系统,零售企业不仅要将供应商纳入这一系统中,还要加入顾客、竞争者、第三方物流企业、技术提供者、资金提供者、中介机构、媒体等。处于主导地位的零售企业与各个生态系统"物种"形成不同的利益关系。这种利益结合促使商业生态系统成员必须将系统整体利益作为其决策和行为准则,以确保商业生态系统良性运行,并在此基础上实现个体利益。

相对于传统零售企业的盈利模式,商业生态系统盈利模式可以使零售企业获得以下优势:

(1)提高零售企业的市场竞争力。现代企业之间的竞争不是简单地消灭对手,而是通过资源的组织和利用,提高与其他行为主体之间的共生度而获得自己的生存空间。因此,决定一个企业竞争力高低的主要因素来自企业的共生力,即企业与其他相关企业互通有无、相互需求、相互依存的能力。当企业内在发展动力不足时,可以借助外力,即系统成员之力,以系统的发展动力带动企业的发展。

(2)商业生态系统整体生存力大于企业个体生存力。在自然界中,恶劣的生存环境使得很多动物难以独立生存,所以大多数动物过着群居生活,这种群居不仅体现在同类动物中,也存在于非同类动物中,它们之间形成了互助的生态关系。通过群体共同保护生存领域,从而增加食物供应,提高交配成功率和降低被捕食的危险等,所有这些超过了共同保护领域的代价。由各类组织和个人形成的商业生态系统也是一样,商业生态系统的成员必须为共同的利益而合作,以促使群体共同进化。目前人们所看到的零售企业的扎堆经营、制造企业的产业集群均源于这一动因,虽然这些系统的形成多是自发的,系统成员之间的关系也是松散的,但群体企业的整体生存力要远大于个体企业的生存力。因为,众多企业和个人组成的商业生态系统具有个体企业所不具备的成本优势、信息优势、规模优势等,这些都将成为企业的市场竞争优势。

(3)可以获得群体经济效应。这里所说的群体经济效应是指商业生态系统中的成员通过共生、互补,可以削减或消除资源瓶颈,分散或降低企业创新风险和减少交易成本,进而达到协同进化的效果。企业加入商业生态系统后,除了能够提高企业的生存力外,还可得到研发溢出收益、知识溢出收益、资源与信息共享收益、技术与基础设施共享收益等。维持商业生态系统盈利模式正常运行必须具备以下 4 个前提条件:

①给商业生态系统中每个成员一个适度生存空间,成员恰当的生态定

位能使其充分发挥自身价值,在实现商业生态系统共同进化与发展的同时,实现个体利益最大化。

②商业生态系统主导者能够吸引系统成员与其合作,带动商业生态系统良性发展。

③能够通过合理的制度安排对商业生态系统内部的破坏者进行适当惩罚,对系统外部干扰者进行有效抵制。

④商业生态系统成员建立共同信誉平台,维系商业生态系统正常运营。

商业生态系统盈利模式也存在局限性:将企业命运与商业生态系统命运紧密地联系在一起,虽然商业生态系统成功将有助于企业成功,但整体系统竞争力下降也会波及个别企业的前途,企业命运不完全掌控在自己手中,在借助于外力的同时,也会受制于外力。

以上4种盈利模式均有其存在的背景及前提条件,对于大型零售企业而言,与其经营环境相匹配的盈利模式就是最佳的盈利模式。

(三)零售企业管理模式

管理模式创新是提高企业竞争力的重要途径。基于商业生态系统竞争特点,零售企业可以选择两种新型管理模式:一是基于以利润创造为中心的利润价值链管理模式;二是基于满足消费者需求为中心的需求链管理模式。

1. 利润价值链管理模式

利润价值链管理模式是指企业对每个涉及企业利润实现的环节都要进行管理,将管理的视角,由卖场、商品拓展到企业内部员工和外部顾客。利润价值链是商业生态系统核心价值链的重要组成部分,它将管理视角由卖场、商品拓展到企业内部员工和外部顾客,提出了一系列相关因素之间的联系,如增长与获得能力、顾客忠诚度与满意度、员工满意度和生产率等。服务利润价值链内在逻辑是:营销额与利润来自忠诚的顾客,顾客忠诚又源于顾客满意,而顾客满意受其获得的服务价值的影响。外部服务价值是由那些在企业中具有较高生产率的员工创造的,而这又要基于员工的满意度。员工满意度依赖于企业内部的服务质量。

利润链理论结合服务业特征对服务业的市场竞争力的形成过程做出了有益的探索。员工保有率和生产率产生服务价值,服务价值决定顾客满意度。对于顾客来说,服务价值可以通过比较获得服务所付出的总成本与得到的总利益来衡量。顾客满意度决定顾客忠诚度,顾客忠诚度由顾客使用服务数量以及他们与本企业间关系的深度来衡量。这样,由内部工作环境开始,经过一系列中间环节,最终影响到服务业在市场经营中的份额与盈利能力,即影响到市场竞争力。

采用利润价值链管理模式要求零售企业在以下 4 个方面做出调整:

(1)从战术管理转变为战略管理,谋求企业的长远发展。

(2)从全面管理转变为关键环节管理。保留零售企业中最关键功能,将其他功能(如物流功能)虚拟化,借助外部力量整合弥补,最大限度地发挥自身竞争优势。

(3)从刚性管理转变为柔性管理。柔性管理是一种能够使零售企业对其外部环境因素变化具有灵活快捷的响应力,对其内部因素变化具有及时应对能力的管理。零售企业实现柔性管理主要体现在增强组织机构的柔性、实现管理方法柔性。

(4)从正常管理转变为危机管理。危机管理是零售企业为应付各种危机情境所进行的规划决策、动态调整、化解处理、员工训练等活动的过程,其目的在于消除或降低危机所带来的威胁。因此,零售企业必须强化危机意识,及时发现危机前兆,尽可能将危机消除在潜伏期。一旦发生危机,企业能够采取有效应急预备方案,机智灵活地解决危机。

以上管理模式实现和企业管理方式转变需要先进的管理技术和管理手段支持。

2. 需求链管理模式

需求链管理是以满足客户需求为核心，以需求为主线来组织需求链路资源，提供产品和服务的综合管理方法。需求链管理的形成主要是源于对传统供应链中消费者需求作用的再认识。在激烈的市场竞争中，零售业已经进入微利时代，企业除了靠规模经济效益外，更要靠价格、服务和特色经营等手段吸引消费者，而这一切手段的根本出发点和归宿点都是以"消费者为中心"的经营理念。零售企业若想获得和保持市场竞争优势，必须改造传统的供应链，即由传统的销售制造商供应商品的供应链模式，即"供应商—制造商—分销商—零售企业—消费者"，调整为新型的需求链模式，即"消费者需求信息—零售企业—制造商—分销商—零售企业—市场"。

在整条需求链中必须有一个居于领导地位的企业。传统的供应链以制造商为主导，而新型的需求链管理模式以大型零售企业为主导，这是由于需求链管理模式是以消费者需求为导向构建的，而零售企业相对制造商能够更及时、准确地获得消费者丰富的需求信息，能够较准确地预测消费者需求的变化趋势。作为需求链的领导者，零售企业要明确生产最终产品或提供最终服务所需要的各项职能如生产、配送、仓储等，再按照自己对完成各项职能所需要具备能力的具体要求选择相应的需求链组成成员。

在构建需求链时，众合作伙伴的特长和功能各不相同，按照供应链总运营成本最低的原则，应把各项任务分配给最能高效完成的成员，而不是拘泥于传统的角色分配。例如，把仓储配送功能外包给专业的物流公司，不但使规模较小的零售企业节省了建设配送中心的投资，而且实现了集中采购，提高了供应链物流管理水平。

需求链中各成员之间的信息共享是高效运行需求链对市场需求变化做出快速、及时反应的关键。需求链上所有成员必须共享市场需求、存货情况、生产计划及进度、促销方案和装运进度等信息，协调各自的预测和计划，使产品的生产与销售大致同步,以降低成本。

对整个需求链实行由顾客信息驱动的物流系统一体化管理是保证需求链管理模式发挥效益的基础。国外零售企业之所以能执行高效的一体化物流管理,是因为在组织结构方面以市场为导向的零售企业将采购、仓储、运输、存货和配送等部门置于单一高层经理统一领导下;在技术层面上,整个物流系统采用电子数据交换系统来收发订货单,发票和付款由计算机之间直接的电子商务取代纸张往来。这一交换技术实现了物流系统的一体化管理,从零售店的电子收款机一直延伸到从仓库到公司总部的各级决策层。一体化物流管理得以成功运行的基本要素是需求链各成员间的相互信任,链上各企业都依赖于其他企业的可靠性,在准确的时间以约定的质量交付准确数量的产品。增强需求链上最薄弱环节的可靠度是整个物流管理的关键。

(四)零售企业竞争战略

企业竞争战略必须与环境相匹配。零售业是典型的零散型产业,在这一行业中有众多企业参与竞争,没有一家企业占有显著的市场份额,也没有任何一个企业能够影响整个行业。零售企业竞争战略不仅要符合商业生态系统竞争要求,还要与企业资源与能力相匹配。即使都是大型零售企业,每个企业拥有的资源和具备的能力也会有差异,其竞争战略也不同。因此,影响零售竞争战略制定的因素既包括企业内部可控的因素,也包括企业外部不可控环境因素。

对于零售企业而言,要想超越竞争对手,要么成为行业中低成本主导者,要么在商品或者服务方面具有独树一帜的差异性,或者集中资源在某一特定细分市场取得成本优势或差异优势,这样才能获得高于行业平均利润的超额利润。如果一个企业同时具备多种竞争优势,则一定能获得更高的收益。据此,可供零售企业选择的竞争战略主要有以下 4 种:

(1)标准化战略。零售企业的扩大必须通过不同地域的连锁经营。通过实行标准化的店内外设计、标准化的管理模式和管理流程等创造竞争优势。标准化战略要求企业打造好模板,通过模板向外输送标准、管理、技术、人员、经验等一系列企业管理所需的内容,并做到提高消费者的形象识别率,降低经营成本。当然,标准化战略也并不意味着各店完全相同,在商品组合、员工管理上还应强调本地化管理,以适应当地消费者的需求。

(2)差异化战略。零售企业提供的商品绝大多数来自相同的供应商,只有少数大零售企业有一部分独特的自有品牌商品,从商品本身来说,很难实现差异化经营,因为通常采取价格竞争手段。而价格手段的过分应用常常会带来两败俱伤的结果。在这种情况下,零售企业可以通过增加消费者购物的附加价值形成与其他零售企业的差异竞争战略,如:提供设计合理、宽敞明亮的购物通道;提供免费停车场;对较远的顾客实行定时定点班车接送;电话订货,免费送货;特殊商品的一对一定制,等等。

(3)成本领先战略。差异化战略走的是非价格竞争之路,而成本领先战略实行的是低价格竞争策略。成本领先不仅是打败竞争对手的有力武器,本身也构筑了一道行业进入壁垒。对于零售企业而言,通过严格控制企业各方面的成本费用,实现行业中的成本领先目标。具体来说,可以通过连锁经营实现规模经济,这样可以通过商品的统一、大量采购与集中配送,降低采购与物流成本;通过应用新技术提高商品流转速度和减少商品库存,以降低商品周转成本和库存成本;通过与供应商合作,指导其降低生产成本、提高效率;通过增加自有品牌商品的销售来降低流转成本,等等。根据零售变迁理论,成本领先战略往往是新兴零售形式企业后来居上的有力武器。

(4)集中化战略。在零散型产业中寻求支配地位往往没有实际效果,但要想在一个很小的范围内取得优势地位还是有可能的,零散型产业可以通过集中化战略而获益。对于零售业而言,可以通过顾客专门化战略、商品专门化战略、区域市场集中战略在一定范围内获得竞争优势。其中,顾客专门化战略主要是指通过专注于某一特定消费群体,为其提供所需要的全部商品和服务,如高档百货商店、仓储会员店、妇女儿童用品商店等;产品专门化战略是指零售店只销售某一类商品,希望满足各个消费者群体对某种商品的需求,如专业鞋店、家居装饰材料店等;区域市场集中战略是指集中在一个特定地区进行零售活动,采用"蚕食"策略,通过增加网点密度,店与店之间相互配合,降低配送成本等,形成较高的知名度和成本竞争优势。

以上每个竞争战略方案可以从 4 个方面评价优劣:一是与所在商业生态系统的适应性;二是与企业资源与能力的匹配性;三是方案的可行性;四是方案的收益性。企业战略是依据对内外环境变化预测来制定的,而实际情况与预测总会有一定差异,这就要求在战略制定时要保持一定的弹性或称为战略柔性。

二、零售企业支持层面竞争力内生平台

支持层面形成零售企业基础竞争力,它是企业培育核心竞争力,获取竞争优势和实现可持续发展的基石。

(一)零售企业建立优秀企业文化

21 世纪企业的竞争是以企业文化为灵魂的综合实力竞争,任何一个成功企业都拥有其独特而优秀的企业文化。企业文化是企业全体员工共同具有的价值标准、理想追求、情感意志和行为规范的综合反映,是维系企业生存与发展的精神支柱。它源于企业长期的生产活动和社会实践,它的孕育和发展是一个从实践到理论、再从理论到实践的渐进过程。通过培育优秀的企业文化,可以充分发挥内聚人心,外树形象,增强竞争力的作用。

对于以服务为主的零售业而言,影响基业长青的主要因素之一就是独特的企业文化。零售企业文化对内的核心是员工,通过企业文化建设,充分

发挥企业文化对形成良好运营机制的促进和保障作用,使员工形成强烈的感召力、凝聚力、战斗力和约束力。即它有利于零售企业充分调动广大员工的工作积极性和主动性,形成强大的凝聚力;促使广大员工自觉遵守企业工作规范和企业章程,努力实现企业的奋斗目标。企业文化对外的核心是顾客,通过服务向顾客传递企业文化,获得顾客认同,增强市场竞争力。

(1)树立与企业经营目标相吻合的经营理念。企业文化精髓在于企业经营理念,而企业经营理念最终表现在全体员工行动上,企业文化建设的实质就是用管理制度和行为规范来落实企业价值观。零售企业的顾客服务制度和尊重员工的文化理念是企业理念的核心。通过优质、周到的顾客服务赢得顾客认同;通过尊重企业员工意愿,激发员工潜能,增强员工的责任感和参与感。

(2)创造良好的企业环境。企业环境是孕育企业文化的肥沃土壤,没有一个良好的企业环境,职工就难以在潜移默化中接受企业文化熏陶。为此,要做好企业生活环境建设,满足职工衣食住行和休养生息的基本需要;做好企业文化环境建设,通过各种积极向上的文化娱乐活动,营造良好的企业文化氛围;做好企业舆论环境建设,使员工人格得到尊重,个性得到发展。只有创造良好的企业环境,才能形成企业职工的共同价值取向。

(3)坚持以人为本。企业的形成是人、财、物等各种资源有效运用和优化组合的结果,其中,人是企业文化建设的主体。从人本精神到人本管理,从人力资源开发到组织人力资源能力建设,管理理论始终把人放在中心位置。因此,作为服务企业,不能只强调尊重顾客意愿,还要强调尊重公司每一个人,坚持一切以人为本的原则。企业尊重员工,员工才能服务好顾客。零售企业要重视对员工的精神鼓励,建立一种轻松、和谐的工作气氛,重视员工的潜能开发和素质培养。员工素质是企业文化建设与推广的基础,零售企业不仅要在招聘员工环节考虑员工的基本文化素质,还要在其工作过程中通过各种方式加强员工综合素质培养。因为优秀的企业文化需要通过员工的行为传递给顾客,如果员工无法传递或在传递中出现偏差,就无法达到通过独特企业文化增进企业经济效益的目的。

(4)为顾客营造轻松的购物氛围。零售企业可以通过设置顾客服务部征求顾客意见,建立不满意退货制度、为顾客购物提供便利设施等形式,为顾客营造一个轻松、愉悦的购物环境,让顾客体验到购物乐趣。

零售企业在文化建设中还应注意以下4个问题:一是从民族文化中寻"根",把中华民族文化中生生不息的优秀"遗传因子"寻找出来,继承并发扬光大;二是从企业生存和发展的实际需要出发,使企业文化建设能够增强员工的使命感和责任感,调动广大员工工作积极性;三是从国内外企业文化中借鉴其成功和优秀的内容,进行本地化改造;四是注重企业文化更新,使员工在先进文化熏陶下工作和成长,使竞争对手不易模仿和复制本企业文化。

(二)零售企业构建学习型组织

企业组织设计涉及员工及其工作职位,以及更深层次地如何通过各种责任和控制幅度对企业进行最佳的协调。对于多店面的大型零售企业而言,企业组织结构的根本特点在于经营性商店管理及其相应的分配职能,以及服务于整个企业的中心职能的确定。国际上主要的大型零售企业在组织结构设计时,为实现专业化效率而采用扁平式事业部管理体制,企业总部的作用在于店铺之间各种业务协调。在这种组织结构中,部门管理人员关心的是核心业务,忽视了核心业务以外的新情况,对外界市场变化缺乏应对能力,各事业部之间不能自我协调,重要业务的集中管理模式导致企业管理灵活性差。

根据目前零售业竞争状况,为了适应基于商业生态系统竞争的企业竞争战略的实施,应对企业组织结构进行适当调整,即调整为适应商业生态系统竞争模式的E式组织结构。这种组织结构将使企业各部门自觉相互协调,把公司内各部门职能结合起来,形成一个整体,集中力量快速解决顾客服务、商品采购、营销、金融等方面的各种问题,协调与政府等相关机构的关系。此外,E式组织结构能使企业从自身以外的环境中吸取资源,协调业务关联企业利益,共享相互的资源。

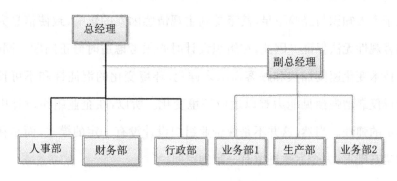

图6-1　E式组织结构样图

1. 企业组织设计原则

企业组织设计要遵循效率原则、管理幅度原则、分级原则、授权原则、权与责对等原则、分工原则、平衡原则等。而大型零售企业E式组织结构设计除了要遵循传统组织设计原则外,还要考虑以下原则:

(1)学习性原则。学习性原则是指所设计的组织具有学习功能和能力,企业组织制度安排有利于全体员工学习,组织可以在学习中不断自我完善。在知识经济时代,学习不仅是应变的根本,也是企业创造力和竞争力的源泉,和建立未来竞争优势的根本。只有企业中每个成员都注重学习,企业才能获得持续发展,因此,建立学习型组织可以从根本上改变企业所处的竞争环境。通过组织学习激励员工自我超越,从而极大地提升企业员工的整体素质,增强企业竞争力与抗风险能力。

(2)柔性原则。柔性原则是指企业在组织结构设计中,为了更有效地实现企业目标,在动态竞争环境下,主动适应变化、利用变化,保持适度的柔性来提高组织竞争能力。组织设计的柔性原则源于企业管理的柔性思想,而柔性思想的出现是由于传统管理理论在实践中遇到了无法解决的问题,即对企业经营环境的复杂性、不可确定性特征把握不足而无力应对。

由于企业进行组织设计所需要的大量信息在客观上无法完全获得,并且限于个人知识与经验不足,甚至受到主观情感因素的影响,致使信息完全性和客观性无法保证。因此,在组织设计时必须考虑适时修正问题。同时,随着技术变化速度加快和顾客需求多样化,环境变化的混沌性和不可预见性使得仅靠增强预见能力难以适应环境变化。所以,在企业组织设计中要有一定的弹性。当然,这并不是说企业组织设计没有一定的模式,而是在基本构架基础上,为今后改进留有一定的空间。

2. 企业组织设计目标

商业生态系统理论对现代企业组织设计带来了积极影响。为适应商业生态系统竞争战略要求,大型零售企业组织设计应达到以下目标:

(1)组织结构有机化。为适应商业生态系统竞争要求,一个企业必须同其他相关企业共同塑造一个开放、和谐、抵抗力强的商业生态系统,在企业内部应形成协调一致、相互依存的有机结构。企业组织结构有机化主要表现在两个方面:一是通过组织机构扁平化实现从上到下的连接更加顺畅,信息传达更为迅捷;二是组织内各部门之间建立具有生态意义的协调机制,摈弃条块分割和相互推诿而造成工作效率低下等不良倾向。

组织结构扁平化是企业组织在互相联系的生态系统中寻求生存和发展的手段,因此,企业组织利用网络技术,把组织内部的所有信息连接起来,减少组织结构中间层次,加快指令下达和信息传递速度,从而保证决策的有效执行,使组织变得灵活、敏捷,提高组织效率和效能,使商业生态系统具有更强的关联和耦合。

组织结构有机化的另一个手段就是组织内部机构之间应建立反应迅速、和谐统一的协调机制。商业生态系统中,每个企业在结构和功能上都有其独特性,但各个企业又是彼此依赖、相互作用而共同发展。在一个企业组织内部,各部门之间也应相互依赖,实现企业内部与外部和谐统一。

(2)组织职能专业化。商业生态系统要求单个企业组织应提供配套性的产品或服务,系统内各企业的职能趋向高度专业化,各企业之间具有良好的连接性,以保证整个系统的高效与低成本运行。将这一特点运用到企业内部,则要求各部门之间在相应分工基础上相互配合,达到与商业生态系统和谐发展。专业化意味着企业组织向标准化方向发展,它应该去掉组织内部一切多余无用的东西,只保留标准的部分;其标准部分也是适合整个生态发展的。

企业组织内部的协调性使组织职能专业化能够得以实现,而专业化则是系统内企业的理性选择。就拿缝隙型企业来看,它们要想与其他企业避免冲突,必然要采取高度专门化的战略,这种战略具有强有力的防御能力。具体到企业内部部门的职能也应与此保持一致,这在骨干型企业中也不例外。事实上,商业生态系统中的骨干型企业都会极力维护自己骨干地位,但必须让出合理的利润给其他企业才能使整个商业生态系统处于健康状态。

(3)组织部门开放化。商业生态系统理论表明,系统成员间应该保持开放性,以使整体利益得到共同维护,并在维护的基础上求得共同发展。对企业内部来说,部门之间必须以开放化作为基本要求。企业组织部门的开放化首先表现为部门之间及时准确的信息沟通与反馈;其次表现为部门之间工作的透明性。开放化的企业组织能够灵活地根据外部环境变化,适时地对组织结构、人员配置做出调整,有利于处理环境变化带来的挑战,使组织能够从传统处理单维紧急情况,转向致力于处理全新的、难以控制的多维压力。

　　企业组织部门之间的开放化还与部门之间的透明性紧密相连。任何企业组织部门之间的透明性和由此产生的连接性,意味着企业可以协调地进行生产计划制定等工作。通过企业流程透明化,可以促使企业内部保持有机的协调与统一,提高企业面临内外部环境变化的应变能力,使企业对外联系与沟通更加高效和及时。

　　3. 构建适于商业生态系统竞争战略的学习型组织

　　构建学习型组织是企业提高自身综合素质和竞争力的必由之路。学习型组织是通过培养组织的学习气氛,充分发挥员工的创造性思维能力而建立起来的一种有机的、高度柔性的、扁平的、符合人性的、能持续发展的组织。这种组织具有持续学习和创新能力,具有高于个人绩效总和的综合绩效。对于如何建立学习型组织,国内外学者给出了不同的构建模型。

　　从教育和培育角度,通过实证分析归纳出的五阶段模型,描述了企业由自发的、无意识学习到将学习责任引入企业管理指令系统中的五个阶段:第一阶段是企业内自发的、无意识的学习;第二阶段是消费性学习,即企业出资选送部分员工到企业外进修;第三阶段是将学习引入企业,即企业开始有意识地在企业内部开发适合自己特定需要的学习项目,并建立相应的学习基地;第四阶段是把学习纳入组织日常工作中,但学习仍然是培训部门的职责;第五阶段是学习与工作的融合,即将企业学习责任置于企业管理指令系统中,成为部门主管、员工个人和人力资源开发部门的共同职责。这种管理方式下,主管的作用不再是控制和解决问题,而是转向鼓励和促进人们自己解决问题,取得满意结果。

　　从战略规划角度提出的"四要素"模型,即"持续准备—不断计划—即兴推行—行动学习",说明学习型企业的战略调整与创新发展。以上两个模型并没有给出具有操作性的构建学习型组织的措施。

　　现代组织分工的方式是将组织切割,使人们的行动与其结果在时空上相距较远。当不需要为自己的行动结果负责时,人们就不会去修整其行动,也就无法有效学习。而学习型组织是一个不断创新、进步的组织,在组织中,大家能不断突破自己能力上限,创造真心向往的结果,培养全新、前瞻而开阔的思维方式。为此,彼得·圣吉在《第五项修炼》中提出了建立学习型组织的五项修炼:自我超越、改善心智模式、建立共同愿景、团体学习和系统思考。

在上述学习型组织的五项修炼中,系统思考是核心能力,这是因为系统思考能把其他各项修炼融合为一体,得到整体大于各部分总和的效果。五项修炼模型提供了一套使传统企业转变成学习型企业的方法,使企业通过学习提升整体运作的"群体智力"和持续的创新能力,成为不断创造未来的组织。

培育零售企业竞争优势,必须将企业内部资源与外部环境有机结合,并注重学习与修炼,否则企业的战略优势将难以发挥。大型零售企业应根据以上提出的组织设计原则和目标,依据五项修炼模型构建适于商业生态系统竞争的学习型组织。

(三)零售企业健全员工的管理体系

人才被认为是企业发展的原动力,人才竞争是企业竞争成败的关键。在零售企业经营管理过程中,无论是前台员工还是后台员工,其个人素质和工作质量均直接或间接地影响企业的经营业绩。企业提供的服务通过员工行为体现,员工服务质量好坏直接影响顾客的惠顾率,所以对员工的管理就变得十分重要。

传统上,我国零售企业不重视员工管理,认为初级劳动者就可以从事零售经营,这种错误观念导致零售企业员工素质普遍偏低。从行业性质而言,零售企业对员工的总体要求应高于生产企业,除了要求员工具有专业知识与技能外,对前台员工更看重外在形象、与人交流能力、亲和力、应变能力和更广泛的商品知识和生活常识。这是由于零售企业员工本身就是企业的形象和信誉,是企业竞争力的重要组成部分,员工素质高低直接影响消费者对企业的认知,消费者只有信任企业员工才会信任企业销售的商品。

零售企业对员工管理是一个体系,不能仅依靠单纯的物质激励和精神鼓励,企业应该做到以价值观引导人,以文化氛围熏陶人,以人文精神关怀人,以管理制度约束人,以职业设计激励人。因此,企业对员工的管理应包括以下方面:

(1)吸引人才。零售企业要建立起人才资源是第一资源、人才战略是第一战略的企业经营观念,这要求经营管理者充分理解员工的内在需求,尊重员工的价值,切实为员工发展创造条件。企业通过给出相对优厚的待遇,包括工资、奖金和各种福利,良好的企业文化氛围、企业发展前景和员工职业发展前景等来吸引优秀的人才。

(2)培训人才。企业要为每个员工制订培训和发展计划。员工培训包括两个部分:一是岗前培训,即员工在正式上岗前进行的业务知识、企业知识和行业背景的培训,目的是使员工能够胜任工作岗位;二是在职培训,通过横向和纵向的业务和管理培训,提高员工的业务素质,更好地理解其主管和下属的业务内容,同时也为将来的晋升创造更有利的条件。在职培训的主要目的是使员工成为优秀的人才。当然,通过不断的在职培训,还能赢得员工的忠诚和热情。

(3)激励人才。对于企业来说,留住优秀人才更为重要,所以,企业应建立一个有效的激励机制并采取有效的激励措施来激发员工的工作热情。除了根据员工的岗位和业绩给予相应的物质激励外,良好的职业规划和晋升前景,可以让员工意识到在企业中存在的价值,而这对创造企业良好的竞争气氛、培养积极向上的工作态度非常重要。同时,也可以在企业内制订利润分享计划,让员工感觉到企业是自己的,这种参与感可以带来员工对企业的忠诚。

（4）制度保障。吸引人才、培训人才和激励人才都需要合理的制度作保障。零售企业应结合各店的实际情况，制定一套正规而严密的管理制度。这些制度具体包括：员工招聘条件和程序、员工福利、工作时间、各岗位任务与职责说明、公司日常管理规章制度、纪律处分办法和程序等，使员工在遵守企业制度的前提下，发挥最大的潜能。

（四）零售企业应用先进的信息技术

"科技是生产力"在零售企业同样通行。美国沃尔玛公司成功的低成本经营战略充分说明科技对零售企业竞争优势的重要意义。零售企业销售效率的提高依赖于信息技术应用，对内商品管理、员工管理，对外供应商管理与顾客管理都需要信息技术支持。因此，新技术越来越成为零售企业获取竞争优势，提高竞争力的重要途径。

1. 零售企业应用信息技术的作用

信息技术是零售企业获得竞争优势的"战略武器"，它可以有效地支持零售企业的竞争战略，从而获得成本优势和差别优势。

从价值链的角度来说，应用信息技术可以实现价值增值。零售企业应用信息技术主要体现在三个环节：一是采购环节。通过信息系统与供应商进行合作，实现快速补充库存和加强物流管理；二是销售环节。通过信息技术提供快捷、方便的销售服务，同时收集大量的销售信息与顾客信息；三是服务环节。通过信息系统更好地利用销售数据库和客户数据库为顾客提供增值服务。

从企业业务管理角度来说，信息技术是零售企业各种经营信息收集和综合分析工具，是零售企业进行商品采购、存储、盘点、配送的主要管理工具，是企业内部员工之间有效沟通和共同学习的工具，是实现店与店之间、店与总部之间及时沟通和信息共享的工具。

从企业市场竞争角度来说,信息技术是零售企业实现可持续发展、设置进入壁垒的重要手段。先进、高效的信息技术能够提高企业决策的准确性和科学性,为零售企业进行跨地区连锁经营和实施低成本竞争战略提供有力保障,可以实现对顾客、供应商等相关利益群体的有效管理。同时,信息技术在企业各经营管理环节的广泛应用,可以提高效率、降低成本,形成企业的成本竞争优势。

2. 零售企业实施信息化战略

零售企业的信息化是随着使用信息技术而不断推进的,从销售管理系统到电子数据交换和电子订货系统,再到物流管理、供应商管理、顾客关系管理,数据仓库管理等信息系统,最终利用先进的数据库技术和数据挖掘技术实现对更为复杂的智能决策支持系统的管理。零售企业实施信息化战略应遵循以下步骤:

(1)建立电子信息通信系统,处理顾客信息和整个供货送货系统,达成公司总部与各级配送中心之间的快速直接通信。

(2)建立计算机网络信息系统,最主要功能是及时采集商品销售、存货和订货信息,保持公司对复杂配送系统的跟踪。

(3)应用条形码技术。条形码技术的应用最初是为了超市快速、准确结账,后来将其与电子扫描器相结合实现存货自动控制。条形码技术的应用代替了大量手工劳动,不仅缩短了顾客结款时间,更便于利用计算机跟踪商品从进货到库存、出货、上架、售出的全过程,及时掌握商品销售和运行信息,加快商品流转速度。

(4)与供应商建立电子数据交换系统和自动订货系统。通过计算机联网,向供应商提供商业文件,发出采购指令,获取收据和装运清单等,同时也使供应商及时精确地把握其商品销售情况。

(5)利用更先进的快速反应和连线系统代替采购指令,实现自动订货。

这些系统利用条形码扫描和卫星通信,与供应商每日交换商品销售、运输和订货信息,包括商品规格、款式和颜色等信息,并且处理速度极快。

当然,企业的信息化进程不是简单的联网、文字处理,也不是简单的进销调存核算体系,最终要为公司的决策提供直观、科学、有价值的数据。因此,数据挖掘、决策分析是信息化的重点。但我国大多数零售企业没有很好地分析利用销售时点数据;同时,没有很好地解决连锁经营中信息"标准化"问题,这在某种程度上阻碍了信息技术的推广与应用。

3. 零售企业应用信息技术的内容

目前广泛被零售企业应用的信息技术主要包括:条形码(BC)、销售时点数据系统(POS)、数据库管理系统(database management system,DBMS)、电子防盗系统(electron article system,EAS)、自动补货系统(automatic replenishment system,ARS)、电子自动订货系统(EOS)、电子数据交换(EDI)技术、联合预测补货系统(CFAR)、射频(radio frequency,RF)技术、有效客户反馈(effective customer feedback,ECR)技术、快速反应技术(quick response,QR)和网络共享系统(retail link,RL)等。

零售企业的数据库管理系统中不仅记载商品信息,还包括顾客和供应商信息,因此,数据库管理系统有三个基本功能:一是保存每件商品的详细库存、交易,便于使用者查找和分析数据;二是支持企业的决策系统,决策者可以根据数据提供的各种信息及相关分析报告,对商品库存、商品销售、顾客和供应商进行管理;三是将数据库向供应商开放,通过网络共享系统(RL)与供应商合作,提高整个产业链绩效。

联合预测补货系统是零售企业相关负责人与生产企业相关负责人就某种商品进行各种数据交换,将这些数据放置在电子提示板上,双方共同对这些数据进行分析,最后形成一致的商品生产和销售预测的决策,并在此基础上进一步制定商品生产、销售规划、库存和物流等计划。目前,联合预测补货系统正在向联合计划预测补货系统发展。

联合计划预测补货系统(CPFR)是在联合预测补货系统的预测和补货的基础上,进一步推动共同计划的制订,它通过应用一系列技术模型,对供应链上不同客户、不同节点的执行效率进行信息交互式管理和监控,对商品供应商、制造商和物流配送进行集中管理和控制。数据采集是从数据库开始,通过网络共享系统整合零售企业和合作企业之间的交易记录和销售数据。各种相关信息储存在联合计划预测补货系统的服务器中,采用标准化的格式加以分类整理。

射频技术的优点是远距离识别,具有读写能力,可携带大量数据;智能化,难以伪造,可用于物料跟踪、运载工具和货架识别,尤其在需要不断改变数据的情况下更加适用。射频技术接收传发装置通常安置在运输线的检查点、仓库、车站、码头、机场等处的关键点,这样一来,货物无论是在订货中、运输途中还是仓库储存中,通过贴在标签上的射频识别标签,各级工作人员都可以实时掌握所有的信息;接收装置在接收到射频技术标签信息后,自动连通接收地的位置信息,然后传到通信卫星,再由卫星传送给运输调度中心。

自动补货系统是供应商预测未来商品需求,负起零售企业补货的责任。在供应链中,各成员互享信息,维持长久稳定的战略合作伙伴关系。自动补货系统使供应商对其所有供应的不同门类的货物及其在销售点的库存情况了如指掌,从而自动跟踪补充各个销售点的货源,使供应商提高了供货的灵活性和预见性,即由供应商管理零售库存,并承担零售店里的全部产品的定位责任。自动补货系统改变了零售企业向贸易伙伴生成订单的传统补货方式,转由供应商根据从零售企业那里得到的库存和销售方面的信息,决定补充货物的数量和时间。自动补货系统有效地减少了零售企业各门店的库存量,不仅降低了物流成本,还提高了商品的流通速度和零售企业供应链的经济效益与作业效率,有利于稳定零售企业顾客的忠诚度。

电子数据交换系统是企业与企业、企业与管理机构之间,利用电子通信来传递数据信息,产生托运单、订单和发票;通过供应商、配送者和客户的信息系统,得知最新的订单、存货和配送状况,使得数据传输的准确性与速度大幅度提高,减少了纸张在商业交易过程中所扮演的角色,进而实现"无纸化贸易"。

三、零售企业运作层面竞争力内生平台

零售企业运作层面竞争力基础平台构建主要包括店铺选址、卖场管理、商品管理和物流管理。消费者在购物时追求的是"让渡价值"的最大化,总希望把有关成本(货币成本、时间成本、精神成本和体力成本等)降到最低限度,而同时又希望从中获得更多的利益(商品价值、服务价值、人员价值和形象价值等)。所以,零售企业的店铺管理、商品管理和物流管理的宗旨就是降低顾客的货币和非货币购物负担,提高其购物总价值,以达到最大的"顾客让渡价值"。具体来说,通过提供方便的店铺位置,最优的商品组合、高品质的销售服务、快速结账系统、良好的购物氛围、合理的价格水平、便捷的购物设施、充足的备货等,为顾客提供最大的让渡价值。

(一)零售企业的店铺选址

对于店铺式零售企业而言,商店位置相当重要。这是因为有三个因素:商店位置往往决定了客流量;零售企业可以迅速地改变其定价、商品分类布局等,但是商店的位置一旦决定就很难改变。而在一个地区,优越的商店位置是稀缺的,占据优越位置的零售企业能掌握其他竞争者不容易模仿的长远战略优势;影响企业长期和短期规划及企业战略组合,如产品种类、价格水平和促销手段等。

店铺选址的第一步是描述和评估可供选择的商圈;第二步,确定店铺位

置的类型;第三步,选择店铺的区位;第四步,确定具体店址。

1. 商圈

商圈是指"经营某种商品或服务的零售企业的顾客分布地理区域"。零售企业商圈分析包括对现有零售店铺商圈分析和新设店铺商圈分析,这里主要分析尚未形成明确的商业与交通模式的商圈。零售企业可以利用相关研究者所提出的商圈测定模型来确定新店铺商圈。

(1)选用零售引力模型测定店铺对某地顾客的吸引力。零售引力是指店铺、商店街、购物中心等商业聚集地如何才能将区域内的购买力吸引到自家店铺的能力。这一概念是由美国市场营销学家威廉·赖利(W.J.Relly)于1929年在说明消费者的购物行为原理时发现的,以此形成的商业分析模型也称为赖利模型。零售引力模型的中心思想是,两个城市从中间地带吸引顾客的数量与两城市的人口数量呈正比,与两城市距中间地带的距离呈反比。

零售引力模型是建立在三种假设基础之上:一是两个竞争的城市交通条件差异不大;二是两个城市可被利用的商品或服务的多少以城市人口的多少为标志,顾客被吸引到人口聚集中心是因为有较多的商品或服务可供选择;三是顾客只到一个城市购物。

(2)测定某地顾客到某店购物频率的顾客吸引力模型。1964年,美国学者赫夫(D.L.Huff)提出顾客吸引力模型(law of shopper attraction)。顾客吸引力模型的最大特点是以大型零售企业为研究对象,认为消费者会选择多个零售店购物。

(3)测定店铺布局的中心地带模型。在赖利零售引力模型发表的同时,中心地带理论源于20世纪30后代对德国南部零售店分布的研究。中心地带是指一个零售机构簇拥的商业中心可以是一个村庄、一个城镇或城市。在中心地带理论中有两个重要的概念:一是商圈;二是起点(threshold)。商圈,是指顾客愿意购买某种商品或劳务的最大行程,此行程决定了某个商店市场区域的边缘界限;起点,是指在某个区域设立某家商店所应拥有的最低顾客数量,以便在经营效益上基本可行。显然,某商店要取得经营效益,商圈必须覆盖比起点更多的人口。中心地带模型说明经营必需品的商店应在距离上靠近顾客;经营专门品及非日常生活必需品的商店,应该从较远处吸引顾客;顾客愿意到一个地点购买各种所需商品,而不愿意到不同地点分别购买。这一模型在确定中心地带内人口规模、支持不同数量和类型商店的最低人口界限,以及购物者进行购物所愿意行走的最远距离之间的关系具有普遍的应用价值。

(4)测定店铺每平方米潜在需求的零售饱和指数模型。零售饱和指数模型通过计算零售市场饱和指数来测定特定商圈内假设的零售企业类型每平方米的潜在需求。饱和指数是通过需求和供给的对比测量商圈内零售企业店的饱和程度。

2. 店铺位置类型

确定店铺位置的类型,即选择零售区域。一般来说,商店位置有三种类型:孤立商店、无规划的商业区和规划的购物中心。每种类型商店位置在竞争商店的构成、停车设施、与非零售机构(如办公大楼)的密切关系等方面各具特点。

孤立商店,一般坐落在公路和街道旁,附近没有其他零售企业与之分享客流,通常租金较低,道路及交通的可见度较高,可以安排方便的停车场地,有利于顾客一站式购物或便利购物。但孤立商店同样存在劣势,首先,难以吸引新顾客;其次,运营费用不能分担,如室外照明、保安、场地维修和清洁等费用;最后,广告费用可能较高等。由于孤立商店要吸引和保持一个目标市场份额不容易,因此,通常最适合开的是大型综合超市或小型便利零售店。

无规划商业区,是指两家或两家以上的商店坐落在一起(或非常接近),但总体布局或商店的组合方式未经事先长期规划。无规划商业区有4种类型:中心商业区、次级商业区、邻里商业区和商业街。以中心商业区为例,它是一个城市内最大的购物区,车流和人流高度集中,文化与娱乐设施齐全,能够吸引来自整个市区的消费者。中心商业区的优势在于:交通便利;一个区域内有多种类型的商店,商品价格档次多样,有多种多样的顾客服务;客流量大,靠近商务和社交设施。虽然中心商业区有其他零售区域不具备的优势,但也存在固有的缺陷:停车场地紧张,交通运输拥挤,许多零售设施陈旧,最受欢迎的位置租金较高,提供的商品可能不均衡,等等。

规划购物中心,是由一组统一规划、建在一起的商用建筑构成,产权与管理集中,并作为一个整体进行设计和运作,在周围设有各种停车设施。规划购物中心的位置、规模和商店组合与被服务的商圈有关。在运作良好的购物中心,所有成员商店都坚持协调一致、长期合作、服从全局的零售经营战略。规划购物中心的优势体现在商品和服务品种组合合理,能够分担共用开支,拥有各具特色但又统一的零售形象,使各商店的客流达到最大化,租金通常比中心商业区低等。其局限性主要体现在房产所有者的硬性规定减少了每个零售企业的经营灵活性,租金比孤立商店高,每家店经营的商品和服务受到一定限制,可能存在大型骨干店控制购物中心等问题。

3. 市场区位分析

市场区位分析是店址选择的关键一步,它直接影响零售店的未来发展和在这一区域的获利能力。市场区位分析是综合决策,需要考虑许多因素,如周边人群的规模和消费特点、客流量、竞争程度与市场饱和度、车流与停车设施、交通条件、房产成本、法律规范的限制等。

根据适应人口分布、客流流向、便利顾客购物、扩大销售等原则,绝大多数零售店将店址设在城市繁华中心地带、人流必经的城市要道和交通枢纽、城市居民住宅区附近,以及郊区交通要道和村镇居民住宅区等,从而形成城市中心商业区、城市交通要道和交通枢纽商业街、城市居民区商业街和边沿区商业中心、郊区购物中心4种类型的商业群。

一个零售店具体要在哪类商业群中开店,还要考虑顾客对不同商品的需求特点和购买规律。例如,对于日常生活必需品,这类商品大多属于同质商品,选择性不强,价格较低,顾客购买频繁,方便快捷最重要。经营这类商品的商店应尽可能接近顾客居住区,辐射半径在300米以内,步行时间以10～20分钟为宜。

当企业确定了经营商品类型及在哪个类型的商业区域开店后,还要对这一地区的人口统计、宏观经济条件、购买力和需求、竞争态势、基础设施状况、文化背景等进行详细分析,以确定开店的可行性。

4. 店铺的区位

确定店铺的区位后,店铺选址工作还没有结束,因为在同一个区位内,一个零售店可能会有几个开设地点可供选择,但有些地点对某个商店来说是百分百好的开设地点,而对另一个商店来说就不一定是最令人满意的开设地点。因此,一个新设商店在做好区位选择后,还要按客流、交通条件、竞争对手、具体位置物质特性及成本进行评价,以确定具体店址。

(1)分析客流。衡量一个商店区位和店址价值的最重要因素是过往行人的数量和类型。客流量大小是一个零售店成功的关键因素,在其他条件相同的情况下,客流量最高的店址往往是最好的。客流包括现有客流和潜在客流,商店选择开设地点总是力图处在潜在客流最多、最集中的地点,以使多数人就近购买商品,但客流规模大并不总是带来相应的优势,还应对客流做具体分析如表6-2所示:

表 6-2　分析客流

类　别	内　容
客流类型	分析客流类型是商店本身的客流,从邻近商店形成的客流中分享的客流,还是顺路进店而形成的派生客流。一般来说,新设商店应重点评估本身客流大小及发展规律。因为分享客流往往产生于经营互补商品种类的商店之间,而派生客流是设在公共场所附近的商店主要客流
客流目的、速度和滞留时间	不同地区客流规模虽可能相同,但其目的、速度、滞留时间各不相同。如在一些公共场所附近、车辆通行干道,客流规模很大,虽然也顺便和临时购买一些商品,但客流目的不是为了购物,同时客流速度快,滞留时间较短
街道两侧的客流规模	在很多情况下,由于受交通条件、光照条件公共场所设施等影响,同样一条街道的两侧客流规模也有所差异。另外,人们骑车、步行或驾驶汽车都是靠右行,往往习惯光顾行驶方向右侧的商店。鉴于此,开设地点应尽可能选在客流较多的街道的一侧
街道特点	选择商店开设地点还要分析街道特点与客流规模的关系,交叉路口客流集中、能见度高,是最佳开设地点。有些街道由于两端的交通条件不通或通向地区不同,客流主要来自街道一端,表现为一端客流集中,纵深处逐渐减少的特征,这时候店址宜设在客流集中的一端

(2)分析交通条件。交通条件是影响零售店店址选择的一个重要因素,它决定了企业经营的顺利开展和顾客购买行为的顺利实现。因此,在评价商店位置和具体店址时要考察三个方面的交通条件:一是大众交通的可获性,距离公共交通枢纽越近,客流量越大;二是可供商店利用的运输动脉能否适应货运量的要求,并便于装卸,否则在运货费用明显上升的情况下会直

接影响经济效益的发挥；三是要分析市场交通管理状况所引起的有利与不利条件，如单行线街道：禁止车辆通行街道、与人行横道距离较远等都会造成客流量在一定程度的减少。此外，许多大道对顾客往来极其便利，但却不允许大型卡车通行，这样也会影响商店进货。

（3）分析竞争对手。一般说来，在开店地点附近竞争对手众多，如果商店经营独具特色，将会吸引大量客流，促进销售增长，否则激烈竞争会成为企业发展的障碍。对于经营选购性商品的商店尽量选择在商店相对集中且有发展前景的地方，如经营相互补充类商品的商店相邻而设，在方便顾客基础上，扩大了各自的销售。

（4）分析具体位置的物质特征。一个位置的物质特征决定了商店的建筑类型。物质特征包括的因素如表6-3所示：

表6-3 分析具体位置的物质特征

类别	内　　容
停车场	停车场的数量、面积和设施是物质特征的一个重要方面，大多数购物中心提供充分的免费停车场，而在中心商业区停车场是一个主要问题，因为中心商业区商家密集，地面空间狭小，难于开辟空地建成停车场，而且由于地价昂贵，会收取停车场地费。另外，停车场车位太少或距离商店太远，都会阻碍顾客到店购物
能见度	能见度是指该位置能被往来行人和车辆看到的程度。良好的能见度能使过路人知晓一家商店的存在，并正在营业。如果一个有效的地点已有建筑物，零售企业必须考虑现有的建筑物能否被改造利用，或者需要全部或部分拆毁；如果一个潜在的地点是一片未占用或是未使用空间，它的能见度是很重要的。一般来说，位于小街道和购物中心尽头的店址的能见度就不如位于主要街道或购物中心入口处的店址

（续表）

类　别	内　　容
位置的方位	位置的方位是指所选店址在商业区域或购物中心内的相对位置。一般来说，拐角的位置可能是最理想的，因为它位于两条街道的交叉处，具有"街角效应"，即两条街道的客流汇集于此，过客量大，橱窗陈列的面积增加，可以有两个入口以缓解人流的拥挤。但这样的位置租金较高，同时在购物中心的拐角位置的优势不太明显

（5）分析成本。在店铺具体位置分析过程中，还要评估一个地点的价值性，即地点吸引力与支付成本的比较。由于没有任何两处地点完全相同，这就给评估带来了困难。零售企业可以通过依靠专业知识和以往经验，分析不同占用期限所获得的利益，来比较两个相似地点的成本。一般说来，零售企业可以两种方式占有一个地点，即自我拥有和租借。

另外，一些大的零售企业通过采取销售、租借、回归的安排方式来经营，即根据需要购买地点，然后将地点卖给不动产企业，再从不动产企业租借回来。通过销售所有权，零售企业重新获得财政资金进行零售店投资，但须商定一个长期期限，以保持对地点的使用权。一个地区潜在利润不仅取决于未满足的需求，还取决于该地区的经营成本，某区域可能有极高的商店租金率，或者有很高的当地税收，或者有关于晚间、周日和假期开门时间的繁琐规定，一个商店可能离现有的配送中心很远，供货卡车可能要跑一整天的时间，这些都会使企业成本上升。

以上是影响零售店铺选址的主要因素，除此之外，零售企业不同业态的选择也会影响店铺选址。例如，大型综合超市（general merchandising store，GMS）由于经营内容的综合化，能满足消费者一站式购物需要，其选址策略最重要的一点是选择人口相对集中且交通便利的市区内。规模在 4 000—6 000 平方米，以生鲜食品、家庭日用品为主的店铺应选在接近居民

区之处,距离商圈一般为 3.5 公里,支持人口数为 5.15 万左右;而规模在
6 000—10 000 平方米以及以上,以生鲜食品、日用百货及餐饮等为主的店
铺,应选在避开高价地段的市内交通便利之处,距离商圈一般为 5.15 公里,
支持人口数为 10 万—20 万。这一规模的店铺要求有较完善的服务功能和
比卖场面积还要大的停车场,以满足各层次消费者的需要。便利店
(convenience store,CS)以满足顾客便利性需求为主要目的,它以应急或急
需的消费者为目标群,选址一般应重视能见度、接近性和动线性。可以设在
居民住宅区、主干线公路两侧,特别是十字路口一角,以及车站、医院、娱乐
场所、机关、企事业单位所在地等客流量较多的地方。

(二)零售企业的卖场管理

与生产企业的生产与销售分离不同,零售企业的生产与销售过程同时
进行,即营业员提供服务于顾客时,也正是顾客消费服务的时刻,消费者参
与生产过程。因此,卖场管理是零售企业重要的管理环节,卖场管理水平也
是企业内部管理能力的外在体现。

对于零售业来说,成本最低而最有效的促销策略是对店铺经营技术的
开发和运用。一些零售企业经营不景气,从销售现场来看,大多数是由于卖
场布局不合理,通透性差,商品陈列简单、混乱,购物氛围淡,即卖场设计不
能有效唤起顾客的购买欲望造成的。卖场的活力取决于有创意的卖场设计
以及商品布局陈列,商品的表现,色彩的组合,灯光、音乐、设备的合理配置
以及恰当使用。随着消费者需求提升,要求在购买商品的同时,也要有良好
的购物体验。因此,店铺管理主要包括卖场布局、商品陈列、购物氛围营造、
顾客服务和商店维护等。

1. 卖场布局

卖场布局主要是指卖场进出口的设计和卖场内部空间设计。卖场进口
与出口应分开,并都与主干道连接,这样可以保证整个卖场没有死角,使顾

客尽可能转遍整个商场。招牌是向顾客传递信息的一种形式,也能体现卖场的个性特征,其主要内容一般包括店名和店标。招牌的色彩搭配要合理,注意美感和冲击力。卖场内部空间设计类型见表6-4。

表6-4 卖场内部空间设计类型

类别	内　　容
方格式	方格形布局主要适用于杂货店和药店。这种布局不是最美观和最令人愉悦的布局,但对于那些计划逛遍整个卖场的顾客来说是一种很好的布局,它能最大限度地节省顾客的购物时间。与其他形式相比,方格式布局的通道刚好允许顾客和购物车通过,最节省空间;货架通常是标准化和统一式样,货架成本最低,因此,这种布局的成本效益比也是最高的
跑道式	跑道式布局设置有通向卖场多个入口的大型通道,这些通道环提供了通向各个小隔间的通路(各部门设计成类似于较小的独立商店)。跑道式布局鼓励冲动式购物,当顾客在跑道环中闲逛时,会以不同角度视物
自由式	自由式布局是不对称地安排货架和通道。它以小专业商店或大商店中小隔间的布局为基本方式。在这个轻松的环境中,顾客感觉他们在某人家里,方便浏览和购物。但这种形式布局会牺牲一些储存和展示空间

2. 商品陈列

商品陈列是指以商品为主体,运用一定艺术方法和技巧,借助一定的道具,将商品按销售者的经营思想及要求,有规律地摆设、展示,以方便顾客购买。它是提高销售效率的重要的宣传手段,是零售店的主要形式。在卖场里,不同位置带来的盈利能力是不同的,最好的位置是最靠近商店人口、主要通道、自动扶梯和电梯的位置。一般而言,在多层商店里,距离出口越远的楼层位置价值越低,因此,在分配空间给各商品大类时应考虑各大类商品的盈利能力。

一个卖场商品陈列适当与否直接关系到商品销售量的多少。卖场商品陈列要把握4个基本原则:商品陈列分类要容易选购,陈列的商品要容易被顾客看到,便于顾客比较、选择;单品陈列从左到右横向陈列,价格从左到右由低到高;突出商品种类丰富和数量充足;商品陈列干净、整齐,有效地使用灯光。这些原则中最重要的是商品陈列促使产生"量"感魅力,使顾客觉得商品极其丰富。

商品陈列也要求企业掌握一定的商品展示技术。一般说来,卖场设计者必须考虑4个问题:一是商品展示要在一定程度上与商店的整体形象相一致;二是在展示商品时要考虑商品的特性。例如,服饰类里的牛仔裤可以放在货堆中展示,而西裤必须挂起来,这样顾客才能更方便观察设计和款式;三是考虑;商品的包装特点;四是考虑商品的潜在利润。例如,低利高周转的商品与高利低周转的商品展示方式要有区别,高利产品要有精美、昂贵的展示。

3. 购物氛围

购物氛围是指通过店头布置、店内促销、店员服务、灯光、颜色和音乐来设计一种环境,刺激顾客的知觉和情感反应,最终影响顾客的购买行为。

零售店铺可以通过店头布置以及图案、标记等图像与顾客进行视觉沟通。店头布置用来展示一些经过专门设计、能够烘托卖场氛围的热销商品,以此来带动顾客购物情绪;标记和图案帮助顾客找到特别的商品部门和商品,图案还可以为商店形象增加个性和浪漫气息。通过店内促销和店员服务与顾客进行良好沟通。店内促销可以选用颜色鲜艳、字体较大的促销标志,也可以将某些消费者熟悉价格且对企业盈利影响不大的商品价格定得超出消费者想象,使顾客产生购物冲动。店员服务是烘托卖场氛围的关键因素,店员服务好坏直接影响顾客购物心情。

灯光、颜色和音乐也是营造购物氛围的有效手段。灯光可以构造独特的购物空间,捕捉顾客一种增强商店形象的心境或感情。灯光还可以用来减少人们对卖场内缺乏吸引力又无法改变的店内设计缺陷的关注。创造性地运用颜色有助于营造一种和谐、愉悦的购物氛围。研究表明,暖色调会吸引顾客注意力,但也可能导致顾客生理和心理不适;冷色调对于那些需要顾客仔细考虑才能选购的商品可能更有效。与其他营造购物氛围手段不同的是,音乐是最具有灵活性的手段,它可以通过更换音乐风格来调整顾客购物情绪,进而影响顾客购买行为;音乐还可以控制商店人流步调,创造一种形象,并吸引或引导顾客注意力。

4. 顾客服务

顾客服务是零售企业为了使顾客购物更加方便、更有价值而进行的一整套活动和计划。这些活动增加了顾客的购物价值。通过提供全面、高质量的顾客服务,既可以建立顾客忠诚,也会产生良好口碑,从而吸引新顾客。从长远看,优质的顾客服务还可以降低经营成本。

标准化与用户个性化是零售企业用来建立持续顾客服务优势的两种途径。标准化方式包括要求服务提供者在提供服务时遵循一整套规则和程序。通过这些程序的严格执行,服务的变动性被减少了。而用户个性化服务方式鼓励服务提供者根据每位顾客的个人需要来定制服务。这种方式能够使顾客享受到超级服务,但由于服务的提供有赖于服务提供者对顾客特点的判断及其服务能力,因而具有很大的变动性。

零售企业不同的市场定位和业态选择,其顾客服务的内容和层次也有不同。一些零售业态运用顾客服务来发展一种持续的竞争优势,而另一些业态则只提供有限服务以降低运营成本和价格。同一顾客对不同类型零售店的期望也不同,例如,顾客对折扣商店和超级市场存在低水平期望,而对百货商店期望很高。零售店如果不能增加预期服务,将会降低顾客满意度。企业应根据了解的顾客服务期望和感受,制定服务标准和建立传递优质服务的系统。通过对员工进行必需的商品知识、顾客知识和服务技能的培训,以及适当的授权与奖励,减少服务人员服务传递差距和提供超标准服务。同时,通过控制顾客期望来降低顾客不满意度。

5. 商店维护

商店维护包括对零售店铺有形设备进行管理的所有活动。外部设备包括停车场、商店进出口标志、橱窗、商店周围的共用区域;内部设备包括电梯、货架、窗户、墙壁、地板、温度控制、能源利用、照明、商品陈列、标识和天花板等。商店维护质量直接影响顾客对零售企业的印象、设备生命周期及运营成本。

(三) 零售企业的商品管理

零售企业应对商品实行全过程管理,即从分析顾客需求入手,对商品组合、商品采购、定价方法、促销活动、库存及退货等做全面的分析和计划,通过高效的运营系统,保证在最佳时间,以正确价格向顾客提供适量的商品,同时达到既定的经济效益指标。零售企业的商品管理主要包括商品采购管理、商品处置管理、商品定价管理以及自有品牌开发与管理。

1. 商品采购管理

大型零售企业应建立一个正式的采购组织,拥有专业的采购人员,并规定采购组织的任务、决策的权威和商品计划与整个零售业务的关系等。从事连锁经营的零售企业还必须决定是采用集中化采购组织还是分散化组织。

商品计划集中于四项基本决策:储存何种商品;储存多少商品;何时储存;储存在哪里。在制定决策时,企业必须确保其商品组合具有独特性,与竞争者的商品组合有所不同,并与自己的零售定位相一致。在采购和再采购任何商品之前,零售企业必须收集有关顾客的需求数据。对于零售企业而言,最重要的商品管理职能就是预测和满足顾客需求。

顾客需求信息收集源主要有消费者、供应商、销售人员、采购人员、竞争者、政府公布的经济安全数据、独立新闻单位进行的消费者民意测验和调查报告等。零售企业的货源主要有三个方面:一是零售企业自有的商品,零售企业自己拥有制造或批发机构;二是外部固定供应商,即企业与这些供应商有固定的关系;三是外部新供应商。无论选择哪种的货源,零售企业在考虑采购时都需要有一套评估商品的程序,以判断是否采购该种商品。当货源与购买前评估完成后,零售企业开始与供应商就购买过程的所有方面进行具体磋商,并签订购买合同。通常情况下,合同内容包括:送货日期、购买数量、价格和付款安排、折扣、送货方式及所有权转移时间等。对于大型零售企业而言,决定购买是自动完成的,企业使用计算机完成订单处理过程。

2. 商品处置管理

商品处置管理包括接收和储存商品、打价签和存货标记、卖场陈列、清点现场商品数量和品种、完成顾客交易、安排送货、处理退货和损坏商品、监视偷窃及商品交易过程控制。在这个阶段,无论是由零售配送中心送货还是供应商直接向店铺送货,配送管理都是最关键的环节。商品条形码、销售现场扫描设备等自动化技术的应用改进了零售企业商品处置效率,节约商品处置费用。

3. 商品价格管理

定价对零售企业而言十分关键。商品价格高低直接影响销售量、企业获利和顾客满意程度。因此,在给商品定价时要兼顾企业获利和顾客满意两个方面,并要随着各种限制因素的变化而加以调整。具体说来,零售企业商品定价包括三个方面:一是制定价格政策,确定定价目标;二是研究影响定价的各种因素,确定定价方法与定价策略。影响定价的因素归结起来主要有顾客的需求、企业经营成本和竞争者状况,由此形成三种定价导向,即需求导向、成本导向和竞争导向;三是在价格确定后,还要根据零售企业内外环境的变化,调整商品的价格。

4. 创建自有品牌

零售企业的自有品牌是指零售企业通过收集、整理和分析消费者对某类商品需求特性的信息,提出新产品功能、价格和造型等方面的开发设计要求,进而选择合适的生产企业进行开发生产,最终再由零售企业使用自己的商标对新产品注册并在本企业内销售的商品。自有品牌是零售企业自己设计并利用其品牌效应来扩大销售的商品,因此,自有品牌具有风格独特、价格低廉、统一设计、统一货源、统一价格,以及可以形成系列商品的优势,尤其容易满足特定顾客的需要。

当零售企业销售生产者商品品牌时,竞争的焦点是市场份额大小、价格谈判能力、促销能力和顾客服务能力,不能发挥商品品质、品牌优势。自有品牌是零售企业强化自身品牌形象,降低商品价格,形成经营特色以维护行业竞争地位,充分利用自身无形资产和渠道优势而采取的一种竞争战略。零售企业经营自有品牌商品不仅能够取得经营利润,还能够赚取部分生产利润。因此,大型零售企业在经营生产者商品品牌的。同时,应积极利用自身的无形资产和渠道优势创建自有品牌,实施错位竞争,增强市场竞争力。自有品牌的经营使发达国家零售企业获得了较大的竞争优势,已经成为零售企业的一个重要利润增长点。

(四)零售企业的物流管理

1. 物流管理是零售企业建立成本优势的有效方式

企业的物流管理一方面可以降低物流运营成本,这是传统物流管理的核心;另一方面可以更好地满足消费者的需要,提高消费者的满意度,这是综合物流管理的核心。无论传统物流管理，还是综合物流管理，其最终目标都是提高企业竞争力。零售企业物流经济效益直接来源于有效的系统物流管理，即通过物流成本的节约和顾客价值的创造赢得竞争优势。

零售企业的成本主要体现在：建立或租赁店铺成本、店铺装修成本、店铺内设施成本、人力成本、管理费用、商品采购成本、运输成本、装卸成本、仓储成本、包装及贴标签成本、流通加工成本、配送成本和信息维护成本等。其中，前3项属于沉没成本，与零售企业经营好坏没有紧密的关系。后9项属于零售企业物流成本，物流成本管理效果如何，直接影响企业总体成本的高低和企业的竞争优势。所以，零售企业物流管理是企业建立成本优势的关键。物流费用的降低可以直接体现为利润的增加，物流速度的提高可以节省物流时间，商品在各个环节的停留时间的减少，意味着商品和资金的流转速度加快，节省资金成本。

对于销售额增长乏力的零售企业而言，降低物流成本与提高销售额可相提并论。假设某企业着手降低物流成本，并成功降低了10%（5万元）。如果要把这个节约下来的5万元换算成销售额增加，大约需要增加167万元销售额，相当于销售额增长了16.7%。

2. 物流管理是提高顾客满意度的有效服务

由于物流利润大部分会间接地转移到企业整体效益的提高上，所以不能简单从物流费用的节省上去衡量物流利润。零售企业虽然销售的是有形产品，但却是典型的服务企业，顾客服务的内容和质量高低影响消费者的惠顾。物流服务是零售企业顾客服务的主要内容。服务质量取决于顾客对服务的预期质量同其实际感受的服务水平的对比。在服务预期质量不变的情况下，企业可以通过有效的物流服务提高顾客可感知的服务水平。

顾客在购买产品时，总希望把有关成本降到最低限度，而同时又希望从中获得更多的实际利益。零售企业通过加工、包装增加产品价值；通过快速送货、尽量减少缺货以提高服务价值;通过系统物流管理带来的成本节约,可以减少顾客的货币资金支出;而及时、准确的配送服务降低了顾客的时间与体力成本。所以,零售企业通过物流管理可以增加顾客让渡价值,提高顾客满意度。

3. 物流管理是零售企业获得竞争优势的重要途径

传统物流管理侧重于物流成本节约,这只是物流管理的初级目标,现代物流管理将企业物流作为一个系统来管理,来达到提高顾客满意度与忠诚度的最终目标。企业物流管理范围从企业内部扩展到企业外部,以价值链分析为工具,创造包括生产商、批发商在内的优秀的价值让渡系统,为顾客提供更大的让渡价值。基于此,应将企业物流业务集中,成立独立的物流部门;将物流与零售企业的采购、销售并重,作为价值创造系统来管理。零售企业物流未来发展趋势是充分利用第三方物流为企业提供优质的物流服务。

零售企业必须以系统整合的观点和管理方法对物流进行科学的运筹规划,对物流成本进行系统管理与控制,通过物流在时间、空间上创造的效用,扩大企业利润空间。

(1)零售企业要参与物流供应系统。过去零售业物流主要是以将消费者订购的商品运送到客户家中这种门对门服务为主,即以销售物流为主。零售企业商品来源主要依赖于供货商,主动权也全部交给了作为供货商的工厂、批发商。由于商品供货商的物流管理水平参差不齐,完全依赖于供货商来经营零售企业物流有可能使商品供应出现问题,如在规定的时间内商品不能及时送到等。现在,只有在必要时采购必要的商品,只将必要的畅销商品摆在商店的货架上成为物流管理的新理念。通过这种管理,一方面可以减少缺货带来的销售损失;另一方面又可避免储备过多的商品带来成本增加。这样,零售企业也要加入物流供应系统中来,通过自建物流点或委托第三方物流企业,对供应商的供货进行分类或加工,在恰当的时间供应适当数量与品种的商品。

(2)零售企业进行系统物流管理。物流系统的整体功能是提供物流的空间效用和时间效用。为达到这一功能,需要进行一系列物流活动,即包装、装卸搬运、运输、储存保管、流通加工、废弃物的回收与处理,以及与此相联系的信息等。同时,这些活动又可进一步细分为关键性活动和支持性活动,这些活动相互配合与协调,形成良好的物流系统。其中,关键性物流活动包括:①店铺与配送中心选址;②采购,即供应商选择、采购时间安排、采购数量与批次、采购价格与折扣等;③客户物流服务,即确定客户对物流服务的需求、设定对客户物流服务的质量、确定客户对物流服务的反应;④运输,即运输方式的选择、运输商品特点与运输条件的要求、运输批量与送货时间、运输路线选择、运输车辆的调度、运价谈判与决策;⑤仓储管理,即仓库库容决策、仓库布局设计、仓库结构设计、存货的摆放、存储的商品组合。支持性物流活动包括:信息传递与维护、包装、退货处理、废弃物处理等。由此,零售企业物流系统又可细分为:采购物流子系统、零售加工物流子系统、销售物流子系统、回收物流子系统、废弃物物流子系统。

在设计与评估物流系统时,重点应集中在该系统的经济性和弹性问题上。经济性涉及物流系统的设计和运营成本;弹性涉及企业内外环境的变化对现有物流系统的影响,如企业经营店铺的增加、经营品种的扩展,及自动化技术等的影响。所以,设计物流系统的着眼点不仅应追求目前的最大节约,而且更要注意到未来的最大弹性。

(3)运用先进的信息管理技术。物流管理技术的应用,一方面带来时间的节约和效率的提高,从而为商品成本与价格的下降提供充足的空间;另一方面先进的信息管理技术可以为顾客提供方便、快捷的服务,为顾客提供更多的让渡价值。物流自动化的技术支撑主要包括条形码(Bar Code,BC)技术、电子货币(Electronic Money,EM)、销售点实时管理系统(Point Of Sales,POS)、管理信息系统(Management Information System,MIS)、电子数据交换(Electronic Data Interchange,EDI)和电子订货系统(Enterprise Operation System,EOS)等。对于零售企业来说,最主要的物流管理技术是条形码技术、销售点实时管理技术和电子订货系统。

4. 零售企业高效物流管理系统的组成

(1)高效的配送中心。供应商根据各分店的订单将商品送到配送中心,配送中心则负责完成对商品的筛选、包装和分拣工作。配送中心要有高度现代化的机械设备进行配送商品的处理,这一方面可以加快速度;另一方面也减少了人工处理商品的费用。同时,由于各店订购的商品均由配送中心处理,数量较大,自动化机械设备可以充分利用,规模优势充分显示。

(2)快速的运输系统。速度就是企业的生命。例如,美国戴尔计算机公司成功的主要原因之一就是速度制胜,快速的周转使其降低了库存,减少资金占用,更好地把握市场机会。零售企业配送中心的快速补货可以在减少每家店存货的同时保证正常销售,从而节省了存贮空间和费用。

(3)先进的卫星通信网络。这套系统的应用使配送中心、供应商及每家分店的每一销售点都能起到连线的作用,在短短数小时内完成"填订单—各分店订单汇总—送出订单"的整个流程,提高了营销的高效性和准确性,也增强了企业的竞争力。

物流管理技术的应用,一方面带来时间节约和效率提高,从而为商品成本与价格下降提供充足空间;另一方面先进的信息管理技术可以为顾客提供方便、快捷的服务,为顾客提供更多的让渡价值。

第四节　零售商业战略、运作与支持层面竞争力内生平台匹配研究

匹配(match)概念最早由"权变理论学派"提出,认为有效的管理艺术及方法因情况而异,之后,匹配概念被广泛应用于战略管理理论中。战略,实质上就是研究如何使公司能力和竞争环境相匹配,而战略管理过程就是企业资源、能力与市场环境相匹配的过程。因此,在资源稀缺和企业追求高效率、低成本的背景下,企业管理的主要任务就是如何优化配置各项管理要素,使之与外部市场机遇相匹配。

一、战略、运作与支持各层面内部管理要素相互匹配

为了说明企业竞争力生成途径笔者将企业内部管理分为三个层面,其中包含的管理要素之间也不可能完全割裂开来,同一管理要素在企业发展的不同阶段,和面临的不同竞争环境下,其要素性质也会存在差异。由于竞争力是企业所有管理要素的整体合力,并不是某个单一管理要素作用的结果,因此,将战略管理中的"匹配"概念引入大型零售企业内部管理中,说明零售企业各层面管理要素内部要相互"匹配",各管理层面也要相互匹配,这样所形成的整体合力才有可能大于个体管理要素竞争力之和。企业追求的不是各个管理要素或管理层面的最优,而是整体最优化,因此,各管理要素与管理层面的相互匹配与协调才是管理的重心。

对于零售企业来讲,战略层面管理要素中的产业定位会影响企业选择的盈利模式。竞争战略的制定受制于企业规模定位,标准化竞争战略和成本领先竞争战略实施的前提是企业要达到一定的经营规模,否则,这些竞争

战略的效果很难体现出来。而零售企业的业态定位会制约企业的区位定位、商品组合与价格定位,不同经营业态要求的经营区位不同,其所提供的商品组合和定价策略也有所差异。

运作层面的卖场管理、商品管理和物流管理范围存在一定程度的重叠。虽然商品管理既涉及前台的卖场管理,也涉及后台的物流管理,但由于商品销售是零售企业的核心业务,本书将其独立出来作为单独一个管理要素来分析。而商品管理的前台与后台延伸也将运作层面的卖场管理与物流管理紧密结合起来。店铺位置受制于企业业态定位和区位定位,而具体的店铺位置会影响物流效率。

支持层面的企业文化渗透到企业各管理要素中,通过这些管理要素体现出来。企业组织形态受企业战略制约,同时也受企业文化影响。而企业文化和企业组织的核心是企业员工,企业文化不是挂在墙上和写在规章里,它主要靠员工服务向外界传递;企业组织是对员工岗位与职责的界定。企业信息技术应用情况和先进程度不仅影响组织结构设计,而且影响运作层面的管理效率。

二、战略、运作与支持三个层面管理相互匹配

战略层面管理、运作层面管理与支持层面管理构成零售企业整体管理系统。只有这三个层面相互协调与匹配,才能保证企业生态系统的健康运行,为企业竞争力生成提供基础平台。

战略管理是运作管理的指南针,它为运作管理指明方向;而运作管理是战略管理的附着点和实现途径;运作管理的成功实施有赖于支持管理的配合,没有支持管理有效辅助,运作管理将缺乏效率,甚至无法实施。

战略、运作和支持三个管理层面在零售企业竞争力生成中发挥不同的作用。战略层面各管理要素是企业长期竞争优势形成的基点,这些管理要

素在短期内不会显示出强大的竞争力,需要长期持续不断的投资与积累;运作层面各管理要素是企业短期市场竞争力的生成基点,同时也是企业竞争力强弱的直接外在表现;支持层面各竞争力生成基点本身不足以为企业带来强大的竞争力,但它们会通过战略层面和运作层面竞争力生成基点而发挥作用,是企业竞争力生成不可或缺的管理要素。

第七章
数字经济背景下浙江省新零售商业创新系统及模式研究

第一节　零售商业模式创新研究综述

零售业作为一个传统的服务性行业,已经不再是制造业的附庸,而是衍生出了多种业态,在组织、营销、服务、技术等方面都取得了根本性变革的重要行业,在整个大商业中占据着越来越重要的位置。零售企业的急剧发展,也吸引了理论界对其创新活动进行研究,其研究成果也对零售企业的进一步发展起到了积极的指导作用。

一、零售业态创新研究的基本线索

零售业态创新的基本线索包括零售创新的动力和阻力机制、创新的模式和特殊性,以及今后的发展趋势等。对这些内容的研究提供了零售业态创新的概貌,并对其他研究起到了铺垫作用。

（一）零售业态创新模式

在各种因素驱使下，零售企业大量地进行创新活动。一般情况下，零售业态创新的思路来源主要有：合作伙伴，忠诚顾客的建议，内部职工的构思和通过对竞争对手的观察，等等。

相应的创新模式包括：供应商主导的创新、服务创新、顾客引导的创新、通过外部服务带来的创新和范例创新。其中，供应商主导的创新是零售业态创新的主要模式。当前高校和科研院所仅仅被认为在制造业创新中起着至关重要的作用。

（二）零售业态创新特征

与制造业创新相比，零售业态创新有自身的特点，正是这些特点才使对零售业态创新的研究有了意义。比如，零售业态创新关注与日常经营密切相关的短期目标，如减少成本和提高销售等，而制造业创新将产品的改进和建立适当的生产流程作为核心；零售业态创新偏好低风险，并且成功与否能够很快得到评估；而制造业创新拥有独立的研发预算，由研究专家操作，被看作一项正式的投资；零售业态创新成果只能通过不断的深入研究才能得到保护。而制造业创新成果可以通过法律手段得到保障。零售企业经营的特殊性和特殊的技术轨道决定了零售企业的创新应具有的特征是以服务创新为主导、以管理创新为支持、以渐进型创新为手段、以降低成本为创新目标，注重对先进管理技术的消化吸收，利用战略联盟实现经营创新。这些特征更加符合我国零售业发展的现状。只有熟知零售业态创新的这些特点，才能够做出正确的创新决策。

（三）零售业态创新趋势

零售企业由商品中介变为信息中介，从大众服务变为个性化服务，从商品管理变为客户管理，由集中走向分散的趋势，这些变化过程更趋于合理与人性化，使商品买卖对顾客而言不仅仅是购物过程，更能够得到高的服务满意度。同时,对零售企业而言,这种趋势更有利于信息的采集,更有利于与世界范围内供货商的联系。越来越多的零售业态创新使得零售企业能够比以前更快地对竞争对手和消费者需求做出反应,并拥有更快发展产品品种和流程的能力,并且零售业的变化将一直朝着多样化、自动化、个性化和概念化的趋势不断发展。

二、零售业态创新的类型与演化规律

(一)零售业态创新的类别

零售业业态的演化经历了小商店、集市贸易、大型百货商店、邮购商店、连锁经营、超级市场及大型的连锁超市大型百货店、互联网型商业组织即电子商务的过程。

百货商店的出现带给顾客更大的选择,固定价格的便利和保证,并且集中了大量类似商品以提高购买的效率。

邮购商店使得偏远郊区的顾客能够买到更多的商品,而不仅仅是局限在当地的商店里。连锁经营提供给顾客一个标准化的购物模式和来自市场上的最新风格和产品。而超市的变化,减少了逛多家商店的必要,更重要的是带给了顾客自选商品的乐趣。

电子商务是目前快速成长起来的经营形式,它带给顾客的四大收益:便利、更广泛的选择、竞争性的价格和更大的信息来源。通过对电子商务企业的 CEO 进行调查,指出电子商务促成了组织流程和实践的进化,突破了公司之间,供应商、消费者、竞争者之间的组织边界。随着相关技术的成熟,这一形式的商业组织将会有更广阔的前景。

新的零售业态的不断涌现和顾客对他们的积极呼应改变了制造商与零售商之间的关系的本质。原先这一关系是以制造商为主导,决定产品设计、分销、定价等,总之决定着产品如何到达消费者手中。相反地,现在零售商取代了制造商的领导地位,他们只要制造商充分有效地生产商品,并且攫取了大部分来自成功产品的利润。

(二)零售业态创新的演化规律

零售业态的演化规律向来是理论界研究的重点,根据观察的角度不同,先后形成了颇具影响的业态变革理论。最早诞生的手风琴模型认为,一定时期,盛行商品经营范围较广的综合商店;一段时间以后,综合商店向专业化商店转化;再过一段时间,又回归到综合商店。这种理论是从商品种类的角度来描述的。

零售车轮模式认为,新的营业形式最初是以低价格吸引大量需求意向;当由于竞争关系形成而使低价失去效果后,焦点又转向了提高服务水平;企业为了保持利润,转向了高毛利营业方式,从而为其他业态以低价销售进入创造了机会,即零售车轮旋转一周。由于并不是所有的零售企业在进入市场时都是采取低价策略,零售车轮模式就无法说明某些现象,如美国郊区的大型超级市场,就是采取高价策略,针对高收入阶层,提供高档的服务。

真空地带理论认为,由于社会上偏好中档价格和服务的顾客居多,高档和低档定位的商店会向中档定位靠拢,于是为新服务方式商店从高低档两端(真空地带)进入提供了机会。

但是,零售车轮模式和真空地带理论都没有揭示什么是业态变革的源泉力量,于是新零售车轮模式强调了正是技术革新(这里的技术革新主要是指适应社会经济发展状况、人们消费习惯及偏好变化的物流、信息技术及管理技术的革新,如汽车、电冰箱的出现等)使得新业态的出现、成长和发展为主要业态成为可能。

零售生命周期定律则认为,零售业态像生物一样,有它自己的生命周期,包括革新期、发展期、成熟期和衰落期。与生命周期理论比较类似的是自然淘汰定律,前者是产品生命周期的直接运用,后者是达尔文自然淘汰定律的直接运用,该理论认为零售业态的发展变化必须要与社会经济环境相适应,诸如生产结构、技术革新、消费增长及竞争态势等。

吸收了以上手风琴模型、零售车轮模型和零售生命周期理论的特点,结合模型理论以价格—质量和品种范围为两个纬度构造了一个矩阵,并描述了零售进化的 4 个阶段:萌芽、成长、成熟和衰退。

此外,零售业的颠覆模式理论认为,零售商实现销售目的的方式已经随着一系列颠覆性技术的运用而改变,颠覆性技术使得创新型公司创造新的零售模式。在零售业,第一次颠覆是百货商店的出现,取代了原先零散的零售商。百货商店把大量不同的商品集中在一个地方,使购物者更容易找到所需商品;第二次颠覆性创新是邮购商店,它使郊区的顾客也能购物,改变百货商店只能在城市涌现的状况;第三次颠覆是折扣商店,它通过一种不同的商业模式—低成本、高周转率的方式来盈利;第四次颠覆是网络零售,在网络零售中,可以看到在零售业早期阶段中各个模式的重演,而目前最好的搜索引擎已经类似于一家大规模的目录商店。

综上,可以看出,目前的研究仍然存在着诸多有待深入研究的问题,国内外学者对零售创新的研究还处于比较零散的阶段。现有的研究成果都是侧重于零售创新活动中的某一方面,没有用系统的理论来统揽商业创新整个全局。即使经典的业态革命三大理论也仅仅考虑到了组织、技术等创新要素,而忽视了营销、企业文化、资本等方面的贡献。

零售业态创新活动的展开是需要各个创新要素共同起作用的。如果只着眼于其中一方面,也就割裂了零售创新系统各要素之间的联系,从而在指导零售企业实践的过程中就存在一定的局限性。因此,今后的研究可以着眼于运用系统的理论对零售业态创新进行研究,有利于指导零售企业在实际的创新活动中合理地分配人、财、物等资源,更紧密地联系各个创新要素,使之能够协调地共存于零售企业创新系统之中,发挥最大的合力作用。

此外,零售业态创新过程并不仅仅依靠零售企业和顾客就能完成,还需要国家的政策扶持和科研院所、高校的合作。虽然某些外部因素对业态创新的作用还不是很明显,但是不能否认它们将成为未来零售企业的创新动力源之一。

第二节　零售商业创新系统构建要素分析

以下以浙江省零售企业业态创新为例,对零售商业创新系统的构建进行探讨。

创新系统的研究已经形成了三大研究领域,即国家创新系统、区域创新系统和企业创新系统,但直接针对零售企业创新系统的研究还没有。在系统理论研究越来越成熟和广泛运用的时代,如何用"系统范式"阐述零售业业态创新将是零售创新理论研究的发展方向。只有完成从线性到非线性、从机械论到有机整体论,从依赖过去到面向未来的认识飞跃,才能把传统管理模式转变为具有适应复杂环境变化能力的零售业业态创新管理模式。

对于零售企业创新系统的构建,采用主客体的理论来阐释。同时,由于零售企业的业态创新在很大程度上仍要依赖上级的国家创新系统、区域创新系统中的政治经济环境、金融法律服务、科研培训服务等,因此,在研究零售企业创新系统时,不能仅局限在零售企业的内部创新环境,还包括对企业创新带来支持的外部要素,即外部创新环境。基于以上考虑,按照一般系统论的思想把零售企业创新系统划分为 3 个要素:创新主体、创新客体、创新环境。

一、零售业态创新主体

确认和塑造创新主体对全面理解创新的本质和有效开展创新活动都是至关重要的。主体一般都是相对于客体而言的,主体之所以成为主体,就在于它有意识、能思维,能够将自身之外的客体自觉地作为实践和认识的对象。

熊彼特在《景气循环论》和《资本主义、社会主义和民主主义》两部专著中提出创新理论指出"企业家是创新的主体","创新是企业家的基本职能"。熊彼特的这一观点符合当时崇尚"个体创新文化"的价值观,因此具有当时时代的合理性。然而随着时代的发展,创新变成了从企业家到专家、中层管理者以及全体员工广泛参与的一项活动,并且离不开创新环境的支持。

零售企业的一个业态创新活动的完成也不是依靠个人来完成的,而是依靠组织来完成。起初在流通领域受到严密的管制时,零售业业态创新是由政府全权操办的,因此,在这样的特殊阶段内,政府扮演了零售业业态创新的主体。但在流通领域逐步放开后,零售企业的自主权逐步回归到企业手中。业态创新活动的展开也属于企业内部的事务,它往往需要企业内部各部门之间的协调与配合,而不是内部某单一个体可以完成的。各主体在创新中的紧密结合使得零售企业作为一整体成为创新的主体。因此,浙江省商业零售企业创新系统的创新主体即是以各种业态存在的众多的零售企业。

二、零售业态创新客体

客体,是实践的主体活动对象的总和,是主体实践活动所指向的对象,同主体的实践活动发生功能性的联系,或为主体实践活动所指向的客观事物。显然,零售业态创新系统的客体也就是创新主体的实践对象指向。可以这样定义零售业态创新客体：通过零售业创新活动的功能性作用，使对象系统发生改变的领域，即业态创新。

零售业态的定义呈有多种，但从内涵来说比较相近，都强调是为了一定的目标市场需求（或销售目的）而产生的零售形态。零售业态是指零售业为实现销售目的所采取的组织形式和经营方式的总称；零售业态创新也就是对零售业为实现销售目的所采取的组织形式和经营方式的创新。

将零售创新分成基于现有组织形态的渐进创新和形成新的组织形态的激进创新。渐进型创新包括成本节约工程，更有效的后勤服务流程和商品管理项目。激进型创新是指零售企业呈现新的组织形态。激进型创新为企业迎接即将来到的事物做好准备，并指导零售企业进入新的领域。激进型创新越来越多地成为获得真正的竞争—优势的唯一方法，比如新兴的电子商务。

从内容上看，零售创新的界定偏重于业态创新。因此，可以将业态创新的内容分为：激进型创新，即产生新的百货店、超市、大卖场、便利店、折扣店等等业态；渐进型创新，即在原有业态的基础上对其产生优化效应的经营管理创新，包括新的商品管理手段、新的市场定位和新的经营手段等。事实上，在激进型的新业态创新产生后，渐进型的业态创新更有助于新业态的巩固和持续发展壮大。

三、零售业态创新环境

零售业态创新环境是其创新活动展升的依托，是指与零售业态创新主体进行创新活动有关的各种社会关系的总和，即由制度、环境、文化以及各商业运作媒介等各因素及其相互作用而构成的总和。也可以视其为零售企业所处的上级区域创新系统和国家创新系统。零售创新环境对零售创新主体的作用，主要表现在环境能否为创新主体的形成及其功能的正常发挥提供良好的制度保证和有利的内外部条件。本书将零售业态创新的环境分为以下三类。

（一）政策环境

政策环境主要包括政府部门为规范发展零售行业及业态分布而提出的政策以及资本市场和金融机构为零售企业业态创新所提供各种资金支持的政策。如何使零售业在激烈的竞争中有序发展，避免恶性竞争和资源浪费就必须依赖政府部门的政策支持。

另外，众多零售企业纷纷通过兼并收购来实现业态规模的扩大，这种方式对资金的要求很大，因此，零售企业所处的资本市场是否健全，其他金融行业是否发达，银行等金融机构能够提供有力的资金支持就起到了关键性的作用。

（二）市场环境

市场环境主要包括消费者带来的需求环境、供应商带来的商品环境和同行企业带来的竞争环境。新的零售业态的出现和发展本身就是消费者购买力和需求发展到一定阶段的产物。在需求没有达到一定程度之前，新的零售企业业态是不会产生的。

另外，经济发展水平的变化，导致了消费者购买力的变化，从而消费者需求也发生了变化。而供应商所提供的商品环境对提升业态品位和扩大业态规模都具有决定性的意义。

此外，同行企业之间的竞争环境直接推动了零售企业为了生存发展而展开业态创新，并且由于服务行业的创新易于模仿，领先企业的创新活动也为其他零售企业的创新提供了创新信息。

（三）服务环境

服务环境主要指零售企业所在区域能够为其在信息沟通、技术服务、法律咨询、教育培训等方面提供服务的机构。特别是技术服务，零售企业的业态创新同样需要解决许多技术问题,但企业本身较少具备专门的技术部门,因此需要领先企业、高校和科研机构等外部技术源提供技术支撑。这些技术支撑机构对一零售企业的技术支持主要形式有项目合作、共建商业研究基地、人才交流与培训、信息交流、技术服务与咨询等。而像行业协会这样的机构则主要解决零售业态创新过程中信息不对称的问题,通过中介服务机构便于商业企业找寻创新所需的人才、信息、技术和知识等资源。所有向零售业企业提供信息、咨询、财务、顾问等服务的其他服务性机构都在为零售企业业态创新的信息沟通提供服务。

基于以上分析,本书给出基于业态创新的零售企业创新系统的概念界定:零售企业创新系统是指以零售企业为创新主体,以业态创新这一创新领域为创新客体,包含着与创新活动开展有关的各种外部环境中的社会关系总和以及其他支持创新能力提高和创新成果扩散的诸要素的集合。

对零售企业创新系统的概念有以下三点说明:

(1)用系统范式来阐释零售业的业态创新,先要解决的问题是选择哪一个系统层面?国家创新系统层面太过于宏观;而零售业由于进入壁垒低,历来是一个分散性的行业,因此用区域创新系统或者集群创新系统的层面来解释也不是很恰当。基于这样的考虑,将零售业创新系统定位在企业创新系统层面。

(2)虽然零售企业组织系统是一个企业创新系统,但并不将眼光仅仅局限在零售企业内部,还要包括外部环境中与创新有关的社会关系的总和,如研究机构、大学、技术转移机构、商会或行业协会、银行、投资者、政府部门、竞争企业等。

(3)零售企业创新系统的各种活动是为了创造、扩散和使用零售业的新知识,目的是推动零售企业的业态创新工作。

第三节　零售商业模式创新与路径分析——以浙江省为例

一、零售商企业创新系统新模式衡量维度分析

（一）零售商企业创新能力维度分析

通过对文献和资料的研究整理，发现对零售商企业创新能力维度的分析主要有以下不同观点：

（1）创造新思想的能力，使用好思想的能力，好思想最终成为市场化的产品或服务，并能够为企业带来利润的能力。这是在系统内要素间相互作用强且有效的情况下所产生的能力。对零售企业创新系统主体创新能力的研究文献几近于无，但若将零售企业视为一类特殊的企业，部分学者对企业创新能力的研究成果可以借鉴。

（2）企业家创新精神、创新战略、创新机制、组织文化以及部门的交流、统一技术平台、高效的供应链管理是衡量企业创新能力的重要指标。

（3）企业在其创新过程中是否拥有大量的智力资源、科技资源、信息资源、资金资源等能力至关重要。

（4）企业中的制度安排是衡量创新能力的重要指标。根据前人的研究和零售企业的特点，可以总结出零售企业创新系统主体创新能力反映在3个方面：文化层面的企业家精神、创新战略目标、创新型企业文化；制度层面的激励制度、创新管理制度；资源层面的人力资源、资金资源、信息资源等。

（二）零售商企业创新系统开放度维度分析

零售商企业创新系统内各个区域的人、财、物、信息等物质和能量的分布不均衡且不足。只有这一系统不断地从环境中输入物质和能量，才能使业态创新活动更为有效。系统理论揭示，系统只有开放，不断与外界环境进

行充分的物质、能量和信息的交换，获得足够的负熵，并且处于远离平衡的非平衡态，才能使系统向熵减方向即有序方向演化，从而形成新的有序结构，向高级阶段演进。按照耗散结构理论的观点，系统稳定有序的发展速度是同开放的程度呈正比的。如果开放的程度不大，系统即使能够存在下去，也会产生缓慢的现象。因此，零售企业要提高发展速度，还要注意扩大自身的开放度。

随着零售领域的放开，浙江省的百货店纷纷进行了改制，如杭州大厦、杭州百货集团和解百集团都是成功改制的零售企业。完成了这一转变后，企业转变成为创新的主体，浙江省商业创新系统也由他组织转变成为自组织结构。要保持并强化系统的自组织性，必须充分开放，与外界进行物质、能量和信息的交换，从中获取资金、人才、信息等资源，成为一个充分开放的系统，这也是浙江省的零售企业不断创新的首要条件。衡量零售企业创新系统开放程度也就是衡量政府、金融机构、消费者、供应商、同行企业、行业协会、培训机构、高校、科研机构等外部要素的参与程度及发挥功效的程度。

二、零售企业创新系统创新模式的类型

按照创新主体的创新能力和系统开放程度两个纬度，可以将零售企业创新系统的创新模式分为4种：弱创新能力—弱系统开放程度模式；弱创新能力—强系统开放程度模式；强创新能力—弱系统开放程度模式；强创新能力—强系统开放程度模式。零售企业创新系统的发展过程也就是创新模式由弱创新能力—弱系统开放程度模式向强创新能力—强系统开放程度模式演进的过程。

（一）弱创新能力—弱系统开放程度模式（简称 A 模式）

处于该模式的零售企业创新系统无论是创新主体的创新能力还是系统的开放程度都比较低，其特征表现为：本身零售企业的规模就比较小，掌握

的业态创新所需的人力、物力、财力也比较少。该类零售企业基本没有形成能够诱发创新的企业文化，并且在创新管理上缺乏能够激励创新的制度安排。该类零售企业创新系统与外部环境要素之间的互动也比较少，无论是外界要素对其的关注度还是系统自身与外界主动接触的程度均较弱。换言之，系统的开放程度不够。

在引进业态创新所需的创新型人才、资金和信息沟通方面都未能与外界形成有效的流通渠道，或者是渠道存在但未加以利用。浙江省众多处在起步阶段的小型零售企业处于这一阶段。业态的外在表现多以小商场、社区超市、社区便利店和小型网络商店的形式存在。

（二）弱创新能力—强系统开放程度模式（简称 B 模式）

强系统开放程度模式下的零售企业本身的创新能力不是很强，但创新系统的开放程度比较大，能够与外界环境要素进行较强的交流。其特征表现为：本身零售企业的规模比较小，还处在发展壮大时期，掌握的业态创新所需的人力、物力、财力不一定少，但仍不能满足企业进行业态创新所需。该零售企业系统中，中层和基层员工的创新能力还比较弱，创新型企业文化的氛围不浓，并且在创新管理上缺乏能够激励创新的制度安排。但企业中的高层领导或者企业家的创新意识比较强，能够作为创新主体的代表引导企业与外界要素进行有效的沟通。

因此，该零售企业创新系统与外部环境要素之间的互动还是比较强的，开放程度比较高。这些企业通常面临着激烈的市场竞争，其地处省内商业经济较发达地区，外界存在着大量进行业态创新所需的创新型人才、资金和信息，并能通过有效的流通渠道进入企业内，且受到政府、金融机构、行业协会等外部关系的关注度也比较高。浙江省众多处于发展阶段的中、小型零售企业多属于这一阶段。业态的外在表现多以连锁经营的形式存在。

（三）强创新能力—弱系统开放程度模式（简称 C 模式）

这种模式下的零售企业本身的创新能力比较强，但创新系统的开放程度相对比较低,与外界环境要素之间交流广度和频率都比较低。其特征表现为:本身零售企业的规模比较大,往往涉及多个业态,并对部分业态采取连锁经营的手段。掌握的业态创新所需的人力、物力、财力比较多。

这类创新型的企业文化比较浓厚或渐趋浓厚,高层领导者的创新意识比较强,中层和基层员工的创新能力正通过培训教育体系逐步增强,并且在创新管理上建立起了能够激励创新的制度安排。但是与外界的开放程度还比较弱,原因可能是所处地区高校、科研院所、行业协会、咨询机构、培训机构分布比较少,获得这些资源的难度比较大,与这些机构的互动就比较少;或者由于该企业已在当地居于领先位置,所面临的市场竞争也不是非常激烈。但由于这样的创新主体往往在当地经济中居于重要位置,与政府的联系必定是非常密切的。因此,从这个角度上说,也没有完全意义上的"强创新能力—弱系统开放程度"创新模式。浙江省众多处于二级城市或者县级城市范围内的零售企业的创新系统多处在这样的阶段。

(四)强创新能力—强系统开放程度模式(简称 D 模式)

强创新能力—强系统开放程度模式下的零售企业本身的创新能力很强,且创新系统的开放程度比较大,能够与外界环境要素作较强的交流,该模式显然是比较理想的状态。

其特征表现为:本身零售企业的规模较大,实力雄厚,掌握的业态创新所需的人力、物力、财力比较多。该零售企业系统中,创新型的企业文化已经比较成熟,高层领导或者企业家的创新意识比较强,能够作为创新主体的代表引导企业与外界要素进行有效的沟通。中层和基层员工的创新能力也比较强,并且在创新管理上能够建立起激励创新的制度安排。并且,零售企业创新系统与外部环境要素之间的互动也是比较强的,开放程度比较高。这些企业往往面临着激烈的市场竞争。在地理分布上涉及多个经济发达地区,外界存在着大量进行业态创新所需的创新型人才、资金和信息,并能通过有效的流通渠道进入企业内。受到政府、金融机构、行业协会等外部关系的关注度也比较高。浙江省众多大型的外资、外地零售企业多属于这一阶段。业态表现形式多为大型连锁大卖场、仓储式会员店、便利店等。

三、零售企业创新系统业态创新模式的路径选择

零售企业创新系统的模式不是一成不变的，而是处在不断的演进过程中。从以上对创新模式的分析可以看出，这种演进就是由弱主体创新能力—弱系统开放程度创新模式（A 模式）向强主体创新能力—强系统开放程度创新模式（D 模式）的演进。其中的路径选择有以下方面：

（1）先提高系统创新主体的创新能力，由 A 模式阶段演进到 B 模式阶段。这一过程可以通过优化零售企业的创新人力资源、完善人员的教育和培训机制、积累业态创新所需的大量资金并加以有效运用、建立相应的激励机制、强化零售企业内部的创新型企业文化等举措来实现。随后，由具有较强创新能力的系统主体主动向外出击，由内而外地加大与外界创新环境要素的交流。在本地区创新资源不丰富，即高校、行业协会、金融机构、咨询公司、培训机构等资源分布不充分的情况下，可以实现跨地区的资源整合，由 B 模式阶段向 D 模式阶段演进。这一演进路径可称为"由内而外路径"。

（2）先提高系统的开放程度，由 A 模式阶段演进到 C 模式阶段。这一过程往往要通过外部要素加大系统创新的参与度来进行。其中，政府首先要发挥业态创新的引导作用，不仅要在政策上给予正确的支持，还要发挥牵头作用，将零售企业与其他高校、科研机构等环境要素联系起来，并促进双方的互动。由外而内地扩大系统的开放程度。在良好的政策环境、市场环境和服务环境形成之后，自然而然地诱发企业创新主体增强自身的创新能力，整个企业自上而下都具备一种创新意识，由 B 模式阶段向 D 模式阶段演进。这一演进路径可称为"山外而内路径"。

(3)这一路径是零售企业创新系统提高主体创新能力和扩大系统开放程度同步进行的阶段。无论是系统创新主体还是环境要素都同步地参与系统的演进过程,没有一个时间上的先后顺序,而是相互促进地发展。这一路径可称为"内外兼修路径"。

综上所述,绝对的路径一、路径二和路径三是不存在的。在访谈中可以发现,绝大多数零售创新系统的实际情况是由 A 模式向 D 模式渐进地演进,而且创新主体创新能力的提高和系统开放程度的扩大都不是同步的,彼此之间的发展是非均衡的。

第八章
数字经济背景下零售商业模式创新发展前景探究

第一节　零售商业发展趋势探究

一、线上企业转战线下的发展趋势

以阿里巴巴为例,这家从前只做线上生意的企业从 2015 年下半年开始,先是用 283 亿元战略投资了苏宁云商,成为苏宁云商的第二大股东,双方打通了电商、物流、售后服务、营销、金融、大数据等环节;随后,阿里系投资的易果生鲜接手了永辉超市出售的 2.37 亿股联华超市内资股股份,占联华超市总股本的 21.17%,成为联华超市的第二大股东;2016 年 1 月,原京东物流总监创办的盒马鲜生获得了阿里巴巴的高额投资,盒马鲜生采用"线上电商＋线下门店"的经营模式,集生鲜超市、餐饮体验和线上业务仓储为一体;2017 年 1 月,银泰商业发布公告,称阿里巴巴参与并将以 74% 的持股比例成为其控股股东;一个月之后,阿里巴巴与百联集团宣布达成战略合作等。综上,在过去的一年多里,阿里巴巴向线下零售业渗透的动作如此频繁,为新零售模式的落地做出了良好诠释。

另外,京东以 43 亿元收购永辉超市 10% 的股份,这是京东首次重投线下超市,其投资规模也是上市以来的最大手笔。双方在联合采购、整合供应链管理能力、线上线下 O2O 业务模式上进行了探索与融合;2016 年,京东收购 1 号店之后,与 1 号店背后的沃尔玛展开深度合作,借助其全球供应链提供丰富的商品,同时沃尔玛在中国的实体门店接入了京东到家和京东投资的众包物流平台。

阿里巴巴与京东开始转战线下表明,在新零售时代,线上品牌走向线下无疑将成为一大趋势。

二、提升购物体验的发展趋势

在新零售时代,随着智能化购物设备的普及,店铺将融入更多的科技元素,实现门店数字化与智能化改造,延展店铺空间,构建更加丰富多样的消费场景。而大数据作为现代商业最被看重的一种"财富",无疑将被越来越多的企业重视与应用。

未来,提升用户购物体验将是零售企业的主要目标,提升购物体验有助于增加用户的黏性与美誉度。例如,以阿里巴巴、京东、苏宁为代表的互联网企业正通过 VR、AR 等新技术提升用户体验;而以三只松鼠、茵曼等为代表的纯电商品牌企业也开始通过各种方式解决用户的购买体验问题,如开设线下体验店。由此可见,以体验带动消费将会成为新零售时代的趋势,实现用户转化的关键因素就是用户在购物过程中获得的体验。

三、开放、共享与融合的发展趋势

新零售要彻底打破以往的零售模式,不论是对用户,还是对品牌商、生产商而言,必须建立更加开放、共享和融合的新的零售模式。传统零售经营的是渠道,不是商品,而在新的消费环境中购买方式发生了变化,用户更关注的是商品和体验。因此,一家企业要想转型新零售,除了需要考虑终端模式如何适应用户需要、上游产品如何满足快速变化的市场需要之外,还必须建立贯通的商业生态链,要想实现这一点,开放、共享与融合就是大势所趋。

第二节　零售商业线上与线下的融合挑战

一、企业线上线下的会员融合

很多企业从前的线上线下会员系统各自独立,在新零售背景下企业必须利用线上资源,以低成本的方式自动获取会员。例如,移动支付可以使用户通过支付消费成为会员;网上下载和注册即成为会员;用户关注公众号即可成为会员。而企业需要把所有平台的会员接入同一个系统,进行合并与分析。因此,如何通过技术构建会员系统,如何运用大数据分析用户需求对企业而言是一大挑战。

二、企业供应链的融合

如何使商品信息在线上、线下和库存中形成高度统一。零售行业的核心竞争力就是低成本且高效率的物流供应链体系,而目前库存成本高、服务效率低、信息准确性低等问题给企业带来了极大的困扰。

传统企业往往把线上与线下的库存数量分开统计,这使得信息难以同步。而在新零售背景下,只要从同一店面发货,无论通过线上电商,还是线下实体店购买,从供应链信息到库存,再到商品状态,均能够实现信息高度同步,使得商品无论是在发货途中,还是在仓库里,或者处于其他各种状态,均能让用户和管理人员了解到一致的信息。

三、企业购物体验的融合

企业要对线下门店的消费者体验进行升级。由于实体店面的场景非常有限，因此企业可能需要利用 VR 等技术创造虚拟场景，以此促进用户体验升级。例如，eBay 与 Minkoff 线下店基于 VR 技术共同打造了全新的试衣间，其中配备了记录用户动作的体感式传感器、可调节灯光、触摸屏和精细的追踪记录系统，能够识别用户，记录带进试衣间但没有购买的衣服等信息。企业要想实现这一点，不仅需要在技术设备方面加大投入，也需要聘请专业人才。这对于传统的零售企业而言，其中的技术实施难度与场景构建难度可想而知。

尽管充满了挑战，但新零售模式的实现需要线上线下互相融合、互相补充，在这一点上，无论是传统的零售企业，还是互联网企业都已经取得共识。例如，广东本土电商品牌茵曼已经在其线下实体店、线上商场同步举办过限时抢购商品的活动，这意味着茵曼已经步入了新零售商业生态的构建阶段。

第三节 数字经济背景下零售商业的机遇与挑战

一、数字经济背景下零售商业的机遇

线上线下零售从之前的割裂敌对走向融合共赢，是大势所趋。线上线下的融合包括支付、物流、仓储、售后等各个环节的融合，可以说是一场大零售的综合共融，与从前的零售业态相比，这场由新零售带来的融合不亚于一场行业革命。

从传统渠道到网络渠道，从 O2O 到当下的新零售，线上与线下从对立走向融合，绝不仅是模式的改变而已，也反映了零售行业发展从量变到质变的

过程。线上线下的融合并不是简单的 O2O,而是"0+0"。这种融合的核心是线上线下与智能物流相结合。

在电商时代,部分传统零售企业对电商不够重视,即使涉足也是点到为止——要么上线的款式少,要么只上线积压货。因此,过去线上线下的融合都不算成功,用户也没有从线上得到更多的价值。

新零售带来的融合革命即将到来,中国正处于这次革命的前夕,智能技术会驱动整个零售系统的资金、商品和信息流动不断优化,在供应端提高效率、降低成本,在需求端实现体验升级。

二、数字经济背景下零售商业的挑战

新零售的这种融合对整个零售行业的影响反映在用户层面与商业层面上。对数字经济背景下零售商业的挑战主要体现在以下方面。

(一)用户层面

在用户层面上,现在的消费模式呈现碎片化特征,只要有信号、有智能设备,用户就能随时随地购物;用户过去在线下实体店购物,只有在店铺营业的时间段才能购物,而现在只要有网络就能购物;过去的消费场景比较单一,用户只能在商店内看着商品或者样品进行选购,而现在的消费场景更加多元化、碎片化。

消费者在阅读、看视频、听歌时,通过点击链接就能购买书籍,视频中涉及的产品,还可以体验 O2O 模式消费场景,在线下体验线上订单或者线上订单线下提货;随着互联网科技的发展,用户已经不必亲身体验商品,只需要通过图片浏览、人机互动,就可以很好地了解一件商品,如天猫开设的"新零售体验馆",在那里用户不需要亲自使用商品,只需要通过虚拟试衣机以及化妆间等科技产品,就可以感受到产品用在自己身上的效果;过去用户了解产品的渠道比较单一,而现在用户在购物时,可以参考大数据进行消费决策;过去单纯的线上线下融合只不过是扩展了消费渠道,并没有提升用户的消费体验,而新零售倡导的融合是"线上＋线下＋物流"的全方位融合,其核心是全面打通以用户为中心的会员、支付、库存、服务等方面的数据。

随着支付宝、财付通等金融支付平台的出现,用户的支付手段更加多样,不再局限于现金、银行卡。新零售发展的到来,会使支付方法更加多样化,指纹识别、面部识别等识别技术可能会成为未来的支付手段。

（二）商业层面

在商业层面上,过去商品的呈现形式为产品展示,而现在,商品的呈现形式变得更加多样化,图片加文字、网红加直播视频、虚拟现实技术加入工直播技术、线上加线下融合宣传等方式能够让用户更好地了解商品。例如,苏宁云商线下门店的每个电器上都有一个二维码,用户扫描二维码后,电器会自动进行"自我介绍",让用户更好地了解产品的功能特点。

线下商场的商品由于受到地理位置、空间的限制,只能摆放有限的商品,而如今由于线上平台摆脱了空间的限制,所有的商品都能放到线上的店铺中,丰富了商品的品类。从前产品从厂家发出,经由各级代理最后到门店,流通渠道烦琐,运转消费周期较长;现在,商品可以直接从厂家运送到用户手中,提升了商品流通的效率。

（三）生产层面

在生产方面,过去是企业根据自己往年的经验制定生产计划,但由于市场需求的变化,时常会发生产品囤积或者供不应求的情况。随着大数据的应用,企业通过对往年数据的分析可以很好地预测市场变化,更准确地制定生产销售计划。利用大数据,生产商可以对用户需求的变化进行预测,开发出能满足用户需求的产品,同时线下卖场也能够利用大数据更好地完成采购与备货,减少成本。

过去零售业的商业业态主要是批发市场、专业市场、专卖店和商超百货便利店，随着电子商务的兴起，商业业态在一定程度上得到了丰富，而新零售的出现，带来了更丰富的商业业态，如天猫的"新零售体验馆"、亚马逊的新型概念店"Amazon Go"以及小米的线下体验店等。在过去，零售业的商业模式千篇一律，线下商场通过收取租金赚取利润，而电商的盈利模式主要靠精细化的运营赚取差价。新零售带来了商业模式的升级，如人们常见的打造自有品牌、线上线下渠道融合、打造 O2O 模式，以及跨境购物等是商业模式升级的表现。

新零售既是互联网新技术在更大范围的应用，又是一种新型商业模式，能衍生出新业态，未来还能够催生新兴产业。新零售这场走向"融合"的革命已经拉开了大幕。对于企业而言，只有紧跟时代步伐，搭上新零售的快车才能在充满竞争的市场里开辟出新的天地。

参考文献

[1] 覃海涛.新零售的创新与变革[M].北京:人民邮电出版社,2018.

[2] 易高峰.数字经济与创新管理实务[M].北京:中国经济出版社,2018.

[3] 鲍舟波.未来已来:数字化时代的商业模式创新[M].北京:中信出版社,2018.

[4] 孟昭莉,闫德利,王花雷,等.数字经济:中国创新增长新动能[M].北京:中信出版社,2017.

[5] 吴元波.经济管理[M].上海:文汇出版社,2007.

[6] 田淑波.数字经济时代长三角零售企业数字化转型分析[J].科技经济市场,2019(11):40-42.

[7] 周贝贝.数字经济与传统产业的"相爱相杀"——数字经济对传统零售业的冲击与重塑[J].新产经,2019(06):17-18.

[8] 岳牡娟.区域零售业竞争力评价研究[D].杭州:浙江工商大学,2010:14-32.

[9] 茅培华.基于业态创新的零售企业创新系统及其模式研究[D].杭州:浙江工商大学,2006:13-39.

［10］迈克尔·利维著；郭文武译.零售学精要［M］.北京：机械工业出版社,2000.

［11］菲利普·科特勒营销管理(第九版)［M］.上海：上海人民出版社,1999.

［12］巴里·伯曼,乔尔·R.埃文斯.零售管理(第七版)［M］.北京：中国人民大学出版社,2002.

［13］贾康.数字经济时代的企业转型［J］.扬州大学学报(人文社会科学版),2019,23(02)：15-20.

［14］李霄锐.区域市场营销与企业市场营销的关系研究［J］.环球市场,2016(13)：27-28.

［15］王澜.转型创业：传统企业转型的现实出路［J］.企业管理,2016,(08)：23-26.

［16］梁弘秀,范仲文.企业数字化营销管理研究［J］.商场现代化,2005,(05)：83-84.

［17］朱伏平,杨方燕.经济管理［M］.成都：西南交通大学出版社,2018.

［18］王国顺,马高雅,周夏连.实体零售企业O2O转型下商业文化重构［J］.商业经济研究,2020,(3)：123-126.

［19］李然,王荣.实体商业创新转型下的"新零售"运营模式深度研究［J］.管理现代化,2020,40(1)：93-96,120.

［20］黄蒶丹.零售企业商业模式创新与竞争优势提升［J］.商业经济研究,2019,(21)：103-106.

［21］肖荆,涂光御.全渠道零售商业空间的价值选择与创新实践［J］.商业经济研究,2019,(24)：25-27.

［22］卢星冉,曹磊.新零售环境下国内外购物中心商业模式演进路径比较［J］.商业经济研究,2019,(22)：114-117.

［23］苏霞.新零售角度下我国传统业态零售企业经营格局及优化策略［J］.商

业经济研究,2019,(21):107 - 109.

[24] 孟晓宏.我国生鲜零售行业的并购动因分析[J].现代管理科学,2019,
(12):36 - 38.

[25] 李晓霞,副教授.零售业商业生态系统的动态平衡分析[J].商业经济研
究,2018,(22):23 - 25.

[26] 周颖.零售业商业模式创新影响因素实证分析[J].商业经济研究,2019,
(2):19 - 21.

[27] 许素琼.商业零售业区位选择因素及变化研究[J].商业经济研究,2019,
(5):24 - 27.